교양한문

교양한문

초판 1쇄 발행 2022년 2월 28일
초판 3쇄 발행 2024년 8월 31일

지은이 성균관대학교 교양한문 편찬위원회
펴낸이 유지범
책임편집 신철호
편 집 현상철·구남희
마케팅 박정수·김지현
외주디자인 아베끄

펴낸곳 성균관대학교 출판부
등록 1975년 5월 21일 제1975-9호
주소 03063 서울특별시 종로구 성균관로 25-2
대표전화 02)760-1253~4
팩시밀리 02)762-7452
홈페이지 press.skku.edu

ⓒ 2022, 성균관대학교 교양한문 편찬위원회

ISBN 979-11-5550-529-8   03700

교양한문

성균관대학교 교양한문 편찬위원회 편저

教養漢文

성균관대학교
출 판 부

머리말

—

　한자와 한문은 중세 동아시아 유교문화권에서 보편적으로 쓰였던 문자이기에 동아시아의 역사와 문화를 이해하는 데 꼭 필요한 소양이며, 한문 고전은 시대를 초월한 인문 교양의 값진 보물 창고이기에 21세기에도 많은 사람들의 사랑을 받고 있음은 모두가 알고 있는 사실이다. 그래서 오늘날에도 많은 사람들이 한자와 한문 교육의 필요성에는 공감하고 있지만, 한자와 한문에 대한 막연한 두려움 때문에 선뜻 한문 공부에 다가서지 못하고 있다. 안타까운 일이 아닐 수 없다.

　전문가들이 우리말로 되살린 번역서를 읽는 것도 고전을 공부하는 좋은 방법이다. 하지만 기본 한자를 익히고 기본적인 한문 문형을 익혀두었을 때 얻게 되는 효용과 비교한다면 그것은 하늘과 땅의 차이라고 할 것이다. 한자와 한문 소양은 품위 있고 정확한 우리말 사용을 도와주고, 동아시아의 역사와 고전에 대한 심오한 이해로 이끌어 준다. 중국어와 일본어 공부에도 큰 도움이 된다는 사실 역시 잘 알려져 있다.

　모든 언어 학습이 그렇듯이 한문 공부에도 왕도가 없다. 기본 문법과 문형을 익히면 큰 도움이 되지만, 결국 '꾸준히 읽고 써보는' 공부가 꼭 필요하다. 그런데 그런 진득한 공부를 하기 위해서는 반드시 '흥미'가 있어야만 한다. 이 책은 학생들이 한문 공부에 관심과 흥미를 지닐 수 있도록 도움을 주고자 만들어졌다. 이 책의 친절하고 간명한 설명과 흥미로운 예문들을 차근차근 공부해 나간다면, 어느새 동아시아 한문 고전의 세계에

입문한 자신을 발견하게 될 것이다.

이번 교재는 기존에 쓰이던 교재에서 다음의 사항을 수정, 보완하고자 하였다.

첫째, 한 학기 내에 충실하게 소화해 낼 수 있는 분량으로 조절하였다.

둘째, 한문 문법을 강화하여 한자와 한자어, 그리고 한문 문장으로 연결되는 과정을 자연스럽게 익히도록 하였다. 전반부에 나오는 문법을 후반부의 원문 해석에 적용할 수 있도록 유기적으로 구성하였다.

셋째, 각 페이지마다 새로 나온 한자의 음과 뜻을 모두 표시하여 학습의 효율을 높이고자 하였다.

넷째, 한문 원문에 친절한 소제목을 달아 내용의 핵심을 이해하도록 하였다.

다섯째, 인용한 원문의 출전과 작자의 정보를 제공하여 학생들의 자발적 학습과 연계되도록 유도하였다.

교재를 개편하면서 작품 선정, 목차 구성에 관한 사항은 집필진의 거듭된 회의와 토론을 통해 결정했다. Ⅰ장 한자, 한문의 기초는 김영죽(성균관대 한문학과 강사), Ⅱ장 한문의 이해와 감상은 김종민(성균관대 한문학과 강사), 임영길(성균관대 한문학과 강사), Ⅲ장 한문의 품격은 배기표(현 고등학교 한문교사), 김세호(성균관대 한문학과 강사)가 주도적으로 집필한 후 교차 검토와 주석 보완 등의 작업을 진행하였다. 모쪼록 개편된 교재를 통해 교학상장(敎學相長)의 가치를 실현하고 선현이 남긴 아름다운 자취와 사유를 추체험하기를 바란다.

— 성균관대학교 교양한문 편찬위원회 집필진

목차

—

I. 한자, 한문의 기초

···

II. 한문의 이해와 감상

III. 한문의 품격

I.

한자, 한문의 기초

1. 한자, 한자어, 한문

(1) 한자를 보는 여섯 개의 시선: 육서(六書)

대부분의 문자는 사물의 모습을 본뜬 형태에서 출발한다. 한자 역시 마찬가지이다. 보이는 것들은 물론, 보이는 것 너머의 '생각'까지 글자로 만들었으며 이 방법은 모두 여섯 가지로서 육서(六書)라고 한다.

1) 보이는 것, 보이는 것 너머

① **상형**(象形): 구체적인 사물의 모습을 본떠서 한자를 만드는 방법. 상형자를 통해 그 대상이 된 사물을 짐작할 수 있다.

예) 羽(깃 우), 矢(화살 시), 禾(벼 화), 龜(거북 귀), 耳(귀 이), 目(눈 목), 口(입 구), 首(머리 수), 手(손 수) 등

② **지사(指事)**: 추상적인 의미를 점이나 선으로 나타내는 방법.

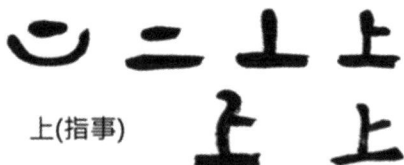

예) 上(위 상), 下(아래 하), 本(근본 본), 末(끝 말), 入(들 입), 中(가운데 중)

2) 합체, 그리고 변신

③ **회의(會意)**: 이미 만들어진 한자를 두 개 이상 결합하되, 각각의 뜻을 모아 새로운 뜻의 한자를 만드는 방법.

· 같은 글자 두 개가 합쳐진 경우
木(나무 목) + 木(나무 목) = 林(수풀 림)
立(설 립) + 立(설 립) = 竝(나란할 병)
火(불 화) + 火(불 화) = 炎(불꽃 염)

· 다른 글자가 합쳐진 경우
戈(창 과) + 口(입 구;백성) + 一(땅) + □(에울 위; 사방의 경계) = 國(나라 국)
刀(칼 도) + 牛(소 우) + 角(뿔 각) = 解(풀 해)

예) 苗(싹 묘), 尖(뾰족할 첨), 析(쪼갤 석) 등

④ **형성(形聲)**: 이미 만들어진 한자를 두 개 이상 결합하되, 뜻과 음을 하나씩 합쳐 새로운 한자를 만드는 방법.

己(몸 기) + 心(마음 심) = 忌(거리낄 기)
水(물 수) + 靑(푸를 청) = 淸(맑을 청)
金(쇠 금) + 竟(마침내 경) = 鏡(거울 경)

예) 霗(떨어질 령), 枯(마를 고), 漠(넓을 막)

3) 다양한 활용

⑤ **전주(轉注)**: 이미 만들어진 한자 본래의 뜻에서 변화되어 달라진 의미를 가진 글자. 때로는 음이 바뀌기도 한다.

- 長: a.길다, 낫다 b.나아가다 c.자라다 d.많 e.어른 f.길이 g.우두머리 h.처음 I.늘, 항상
- 樂: a.음악 악 b.즐거울 락(낙) c.좋아할 요
- 說: a.말씀 설 b.기쁠 열 c.달랠 세
- 惡: a.나쁠 악 b.미워할 오

⑥ **가차(假借)**: 한자의 음만을 빌려서 표기한 글자. 외래어를 표기할 때 사용한다.

- 和蘭[네덜란드], 法國[프랑스], 德國[독일], 亞細亞[아시아]
- 可口可樂[코카콜라], 巧克力[초콜릿]
- 必勝客[피자헛], 樂天利[롯데리아]

(2) 한자, 한자를 만나다

1) 한자와 한자어는 다르다?

한자는 소리[字音]와 뜻[字意]을 가진 각각의 낱글자를 말한다. 이러한 한자가 두 글자 이상 모여 만들어진 단어가 바로 '한자어(漢字語)'이다.

예) 天地, 宇宙, 日月, 植木, 禽獸 등

한자와 한자가 만나서 이룬 한자어들은 크게 다섯 가지 방식으로 구성된다.
이 구성방식은 한문(漢文)을 해석하는 데 가장 기본이라 할 수 있다.

① **주술 관계**: 주어(S) + 서술어(V)
S가 V하다 혹은 S가 V함 이라고 풀 수 있다. 우리말과 어순이 같다.

- 日出: 해가 뜨다 / 해가 뜸
- 花開: 꽃이 피다 / 꽃이 핌
- 夜深: 밤이 깊다 / 밤이 깊음

② **술목 관계**: 서술어(V) + 목적어(O)
O를(을) V하다 혹은 O를(을) V함 이라고 풀 수 있다. 우리말과는 어순이 다르며 영어, 중국어와 비슷하다.

- 讀書: 책을 읽다 / 책을 읽음
- 成功: 공을 이루다 / 공을 이룸
- 修身: 몸을 닦다 / 몸을 닦음

③ **술보 관계:** 서술어(V) + 보어(C)

　C에(에서) V함, C가 V(있다, 없다)하다, C와(과) V(같다, 다르다)하다 등으로 풀 수 있다. 우리말과 어순이 다르다. 보어는 '도와주는[補] 말[語]'을 뜻한다. 보어에 해당하는 단어 뒤에는 ~에/~에서, 혹은 ~이/~가, ~와/~과 라는 조사가 붙는다.

- 有利: 이득이 있다 / 이로움이 있다
- 浸水: 물에 빠지다
- 多情: 정이 많다

---

*宇(우): 집 *宙(주): 집 *植(식): 심다 *禽(금): 날짐승 *獸(수): 들짐승 *開(개): 열다, 피다 *深(심): 깊다 *讀(독): 읽다 *書(서): 글, 책 *成(성): 이루다 *功(공): 공로, 일 *修(수): 닦다 *利(리): 이롭다, 이익 *浸(침): 잠기다 *情(정): 뜻, 정

④ **병렬 관계:** 성분이 같은 말이 나란히 놓여 이루어진 단어이다. 병렬 관계는 크게 세 가지 경우로 나눌 수 있다.

- 뜻이 서로 비슷한 경우: 歌謠, 柔軟, 存在 등
- 뜻이 서로 반대인 경우: 表裏, 眞僞, 明暗 등
- 뜻이 서로 대등한 경우: 富貴, 禽獸, 草木 등

⑤ **수식 관계:** 꾸며주는 말과 꾸밈을 받는 말로 이루어진 단어이다.

- 芳年: 꽃다운 나이
- 高飛: 높이 날다
- 極甚: 매우 심하다

＊歌(가): 노래 ＊謠(요): 노래 ＊柔(유): 부드럽다 ＊軟(연): 부드럽다 ＊存(존): 있다 ＊在(재): 있다 ＊表(표): 겉, 바깥 ＊裏(리): 속, 안 ＊眞(진): 참, 진실 ＊僞(위): 거짓 ＊明(명): 밝다 ＊暗(암): 어둡다 ＊富(부): 부유하다 ＊貴(귀): 귀하다 ＊草(초): 풀 ＊木(목): 나무 ＊芳(방): 향기, 꽃답다 ＊飛(비): 날다 ＊極(극): 다하다, 극 ＊甚(심): 심하다

(3) 한문의 기본 구조: 5형식

① 주어＋서술어(S＋V)
문장의 기본형이다. 주로 'S가 V하다'로 해석한다. V의 자리에는 형용사, 동사 등이 모두 올 수 있다.

- 月明星希(『古文眞寶』「前赤壁賦」): 달은 밝고 별은 드물다.
- 南方已定 兵甲已足(『古文眞寶』「出師表」): 남쪽은 이미 평정되었고 병기와 갑옷은 이미 풍족하다.

---

*星(성): 별 *希(희): 드물다 *已(이): 이미 *定(정): 안정되다, 정하다 *兵(병): 군사, 전쟁, 병기 *甲(갑): 껍질, 갑옷 *足(족): 넉넉하다, 발

② 주어＋서술어＋보어(S＋V＋C)

'S＋V'의 문장에 보어가 추가되는 형식. 여기서의 V는 불완전동사이다. 보어는 서술어의 부족한 뜻을 보충해서 그 뜻을 완전하게 만들어준다. 'S는 C가(에, 에게) V하다' 등으로 해석한다.

  • 孔子登東山而小魯(『孟子』「盡心上」): 공자가 동산에 올라가서 노나라를 작게 여겼다.
  • 諸侯多謀伐寡人者(『孟子』「梁惠王」): 제후들이 나를 공격하려 꾀하는 자가 많다.

＊楚(초): 나라 이름, 가시나무, 회초리 ＊鬻(륙/육/죽): 팔다, 죽(＝粥) ＊盾(순): 방패 ＊與(여): ~와(and), 더불다, 주다 ＊矛(모): 창 ＊者(자): 사람, 놈, 것 ＊諸侯(제후): 봉건시대 영토를 가지고 지배하던 사람 ＊侯(후): 제후, 과녁 ＊謀(모): 꾀하다 ＊伐(벌): 치다, 베다, 자랑하다, 공훈 ＊寡人(과인): 덕이 적은 사람이라는 뜻으로 임금이 자신을 낮추어 부르던 말. 寡(과)는 적다

③ 주어＋서술어＋목적어(S＋V＋O)

가장 익숙한 형식의 문장이다. 여기서의 서술어는 목적어를 동반하는 타동사이다. 'S는 O를 V한다' 등으로 해석한다.

- 弟忽投金於水: 아우가 갑자기 물에 금을 던졌다.
- 上下交征利而國危矣(『孟子』「梁惠王」): 상하가 서로 이익만 취하면 나라가 위태로워진다.

---

*弟(제): 아우 *忽(홀): 갑자기, 문득 *投(투): 던지다 *金(금): 금 *於(어): ~에 (어조사) *交(교): 서로, 사귀다, 주고받다 *征(정): 취하다(갖다), 다투다, 정벌하다 *危(위): 위태하다

④ 주어＋서술어＋간접 목적어＋직접 목적어(S＋V＋I.O＋D.O)

'S＋V＋O'의 형식을 확장한 버전이라 볼 수 있다. 여기서의 서술어는 타동사로서 두 가지의 목적어를 갖는다. 'S가 I.O에게 D.O를 V하다'라고 해석한다.

• <u>高帝</u>屬臣<u>趙王</u>(『史記』「呂太后本紀」): 고제께서 신하에게 조왕을 부탁하다.

• <u>趙括</u>母問奢其故(『史記』「廉頗藺相如列傳」): 조괄의 어머니는 조사에게 그 이유를 물었다.

＊高帝(고제): 한 고조(漢高祖) 유방(劉邦)을 말한다 ＊趙王(조왕): 한 고조 유방의 후궁인 척부인(戚夫人)의 아들로, 이름은 여의(如意)이다 ＊趙括(조괄): 전국시대 조(趙)나라의 명장인 조사(趙奢)의 아들로, 젊어서 병법(兵法)을 배워 조금 알게 되자, 천하에 자기를 당할 자가 없을 것이라고 늘 자부했다. 진(秦)나라의 명장 백기(白起)와 더불어 장평(長平)에서 싸우면서 임기응변을 할 줄 모른 채 자기 방식대로만 싸워 조나라의 40만 대군을 몰살시키고 자신도 죽었다 ＊趙奢(조사): 조(趙)나라 혜문왕(惠文王) 때 명장이다. 진(秦)나라가 한(韓)나라를 침략하자 조나라에 지원을 요청했는데 이때 진나라 군대를 물리쳤다 ＊故(고): 까닭, 이유

⑤ 주어＋서술어＋목적어＋보어(S+V+O+C)

'S+V+O'의 형식과 큰 차이가 없어 보이지만, 목적어를 설명하는 '목적보어'가 추가된다. 목적어와 목적보어는 동일한 상태이다.

• 先帝知臣謹愼(『古文眞寶』「出師表」): 선제는 신(臣)을 신중한 사람으로 아셨다.

tip: 여기서 '신(臣)'은 목적어이고, '근신(謹愼)'은 목적보어이다. 즉 '신'은 '신중한 사람'이라는 말이다.

• 孔子問禮於老聃(『孔子家語』「觀周」): 공자가 노담에게 예를 물었다.

---

*先帝(선제): 촉한(蜀漢)의 선주(先主) 유비(劉備)를 말한다 *謹(근): 삼가다, 경계하다, 신중하다 *愼(신): 삼가다, 신중하다, 진실하다 *鄕(향): 마을, 시골 *皆(개): 모두 *惡(오/악): 싫어하다 오, 나쁘다 악 *鳴(명): 울다

(4) 실사(實辭)와 허사(虛辭)

한문이란 생각이나 감정을 한자를 사용하여 완결된 내용을 나타내는 문법단위, 즉 한자로 쓴 문장을 말한다. 문장을 해석하려면 우선 품사에 대한 기본 지식을 익혀야 한다. 이는 한문뿐만 아니라 외국어를 배울 때 반드시 거치는 과정이기도 하다.

한문의 품사를 공부할 때 반드시 유의해야 할 점이 있다. 실제 뜻을 지닌 한자인 '실사(實辭)'와 문법적 기능만 하는 한자인 '허사(虛辭)' 두 종류에 대한 구분이다.

1) 실체가 보이는 단어, 실사(實辭)

① **명사**: 사물의 이름을 나타내는 품사이다. 특정한 사람이나 사물에 쓰이는 것은 고유명사, 일반적으로 두루 쓰이는 것은 보통명사이다.

- 孔子問禮於老子(『史記』「孔子世家」): 공자께서 노자에게 예를 물으셨다.
- 父慈 子孝(『禮記』「禮運」): 아버지는 자애롭고 아들(자식)은 효성스럽다.

---

*實(실): 열매, 가득 차다, 익다, 실제 *辭(사): 말, 말하다 *虛(허): 비다, 없다 *禮(예): 예도, 예절 *於(어): 어조사(~에게) *慈(자): 사랑하다, 자애롭다 *孝(효): 효도, 효성스럽다

② **대명사:** 사람이나 사물의 이름을 대신 나타내는 말이다. 크게 인칭대명사, 지시대명사, 의문대명사로 나뉜다.

• 인칭대명사: 사람을 가리키는 대명사
  a. 1인칭: 我(아: 나), 吾(오: 나, 우리), 余(여: 나), 己(기: 나), 身(신: 나, 자신), 予(여: 나)

  b. 2인칭: 子(자: 그대), 若(약: 너), 汝/女(여: 너), 而(이: 너), 爾(이: 너), 君(군: 그대), 公(공: 그대), 乃(내: 너), 二三子(이삼자: 너희들)

  c. 3인칭: 彼(피: 저), 他(타: 그), 或(혹: 어떤 사람), 伊(이: 저), 厥(궐: 그)

• 지시대명사: 어떤 사물이나 장소를 가리키는 대명사
  a. 이, 이것(곳): 是(시), 此(차), 斯(사), 玆(자), 寔(식)

  b. 저, 그, 그것(곳): 彼(피), 他(타), 厥(궐), 之(지)

  c. 기타: 或(혹: 어떤), 皆(개: 모두), 各(각: 각기), 某(모: 아무개, 어떤)

• 의문대명사: 의문의 뜻을 나타내는 대명사
  誰(수: 누구), 孰(숙: 누구, 무엇), 何(하: 무엇)

• 漢陽中 誰最富(『燕巖集』「許生傳」): 한양 안에서 누가 가장 부자인가?
• 二牛何者爲勝(『芝峯類說』「陰德」): 두 마리 소 가운데 어떤 것이

나은가?

• 帝王之業 草創與守成 孰難(『貞觀政要』「論君」): 제왕의 업은 초
창(창업)과 수성 중 무엇이 어려운가?

---

*助(조): 돕다 *苗(묘): 싹 *長(장): 자라다, 길다 *矣(의): 어조사, 종결사 *故
(고): 옛날, 예전의 *乎(호): 어조사, 의문 종결사 *肝(간): 간(장기) *尙(상): 오
히려 *不(불): 아니다, ~말라 *回(회): 돌아오다 *歸(귀): 돌아가다 *最(최): 가
장 *勝(승): 낫다, 이기다 *業(업): 일, 사업 *草創(초창): 처음으로 시작함, 시초
*難(난): 어렵다

③ **동사:** 사물의 동작이나 작용을 나타내는 품사이다. 문장에서는 대개 서술어 역할을 한다. 목적어가 필요하지 않은 '자동사'와 목적어가 필요한 '타동사'로 나뉜다.

• 자동사: 목적어를 필요로 하지 않는 동사
月出於東山之上(『古文眞寶』「前赤壁賦」): 달이 동산 위에(서) 나오다 (떠오르다).

• 타동사: 목적어를 필요로 하는 동사
智者樂水 仁者樂山(『論語』「雍也」): 지혜로운 자는 물을 좋아하고 인한 자는 산을 좋아한다.

＊東(동): 동쪽 ＊於(어): ~에, 에서(어조사) ＊之(지): ~의, 그것(대명사), 가다 ＊智(지): 지혜롭다, 슬기롭다 ＊樂(요/락/악): 좋아하다 요, 즐겁다 락, 음악 악 ＊仁(인): 어질다

④ **형용사:** 사물의 성질이나 모양, 상태를 나타내는 품사이다. 문장 안에서 수식어나 서술어, 부사의 역할을 한다.

- 水清: 물이 맑다   白雲: 흰 구름   利於病: 병에 이롭다
- 顔淵死 門人欲厚葬之(『論語』「雍也」): 안연이 죽자 문인들이 그를 후하게 장례 치르려 하였다

---

*病(병): 병, 근심하다 *顔淵(안연): 이름은 회(回), 공자(孔子)의 수제자. 공문십철(孔門十哲) 중 한 명이다 *死(사): 죽다 *欲(욕): ~하고자 하다 *厚(후): 두텁다, 후하다 *葬(장): 장사지내다

⑤ **부사:** 다른 말 앞에 놓여서 그 뜻을 분명하게 하는 역할을 한다. 동사나 형용사, 다른 부사를 꾸며주는 말이다. 정도나 시간, 의문, 반어 등을 나타낸다.

- 정도: 最(최: 가장), 甚(심: 매우), 至(지: 지극히), 極(극: 극히), 必(필: 반드시), 益(익: 더욱), 常(상: 항상), 太(태: 크다), 尙(상: 오히려, 아직도), 畢(필: 끝내), 殆(태: 거의), 凡(범: 무릇, 대개), 全(전: 온전히), 僅(근: 겨우), 都(도: 모두), 皆(개: 다, 모두)

- 시간: 今(금: 이제), 方(방: 바야흐로, 막), 始(시: 비로소), 遂(수: 드디어), 適(적: 마침), 昔(석: 예전에), 初(초: 처음), 嘗(상: 일찍이), 曾(증: 일찍이), 旣(기: 이미), 已(이: 이미), 將(장: 장차), 且(차: 장차), 俄(아: 잠시)
  俄而(아이)/已而(이이)/業已(업이)/少焉(소언): 잠시 뒤에

- 의문: 何(하: 무엇, 어찌), 豈(기: 왜, 어찌), 安(안: 어느, 어디), 焉(언: 어찌), 胡(호: 어찌)

- 반어: 何(하), 豈(기), 安(안), 焉(언), 寧(녕), 奚(해), 曷(갈), 惡(오), 庸(용), 胡(호) 등은 '어찌 ~하리오'의 문장 구조를 만든다.

• 水至淸則無魚 人至察則無徒(『大戴禮記』): 물이 지극히(너무) 맑으면 물고기가 없고, 사람이 지극히(너무) 살피면 (따르는) 무리가 없다.

• 少焉 月出於東山之上(『古文眞寶』「前赤壁賦」): 조금 있다가(잠시 뒤에) 달이 동산 위에(서) 떠올랐다.

＊至(지): 지극하다 ＊則(즉/칙): 곧 즉, 법 칙 ＊魚(어): 물고기 ＊察(찰): 살피다
＊徒(도): 무리 ＊少(소): 적다 ＊焉(언): 이에(＝於是), 어찌

⑥ **수사**: 사물의 수량을 표시하거나 횟수, 순서를 나타낸다.

• 十人守之 不得察一賊(『旬五志』): 열 사람이 그것을 지켜도 한 도적을 살피지 못한다.

＊守(수): 지키다 ＊得(득): ~할 수 있다, 얻다 ＊賊(적): 도적

2) 허사(虛辭)를 모르면 모든 것이 허사

한문이란 실사와 허사가 얽혀 있는 문자 체계라 할 수 있다. 문장의 구조가 단순해도 실사만으로는 그 의미를 온전하게 표현할 수 없는 경우가 많다. 문장의 논리를 확실하고도 치밀하게 만들어주는 이음새가 바로 허사이다.

허사는 그 뜻과 기능이 매우 유동적인데, 이는 한 글자가 갖는 기능이 복잡하고 다양하다는 뜻이다. 한문 해석에서 허사를 놓친다면 그야말로 모든 것이 '허사(虛事)'가 되어 버리기 쉽다.

대표적인 허사로는 以, 爲, 之, 於(于), 所가 있다.

① 以(이)
· 도구, 수단, 방법, 자료: ~으로, ~으로써, ~을 가지고

以子之矛 陷子之盾 何如(『韓非子』「難一」): 너의 창으로써 너의 방패를 뚫는다면 어떻게 되는가?

· 원인: ~때문에, ~로 인하여

我以捕蛇獨存(『古文眞寶』「捕蛇者說」): 나는 뱀을 잡았기 때문에 홀로 살아남았습니다.

＊子(자): 너(그대), 아들 ＊陷(함): 뚫다, 빠지다 ＊捕(포): 잡다 ＊蛇(사): 뱀 ＊獨(독): 홀로 ＊存(존): 살다, 보존하다 ＊何如(하여): 어찌, 어떻게

• 목적: ~을

弟以其一與兄(『新增東國輿地勝覽』「兄弟投金」): 아우가 그 하나를 형에게 주었다.

• '以'를 활용한 숙어의 예

- 以A 爲B: A를 B라고 여기다, A를 B로 삼다

王者以民人爲天 而民人以食爲天(『史記』「酈生陸賈列傳」): 왕노릇 하는 자는 백성들을 하늘로 삼으며, 백성들은 양식을 하늘로 삼는다.

• (所)以~: ~이라고 하는 까닭(이유)

古人秉燭夜遊 良有以也(『古文眞寶』「春夜宴桃李園序」): 옛사람들이 밤에 촛불을 들고(잡고) 노닌 것은 진실로 까닭이 있었다.

• 有以~: ~할 수 있다 / 無以~: ~할 수 없다

臣乃得有以報太子(『戰國策』「燕策」): 신이 이제야(이에) 태자께 보답 할 수 있습니다.

---

*弟(제): 아우 *與(여): 주다 *爲(위): 여기다, 삼다, 하다 *교(敎): 가르치다
*본(本): 근본 *古(고): 옛, 옛날 *秉(병): 잡다 *燭(촉): 촛불 *遊(유): 노닐다
*良(량): 진실로, 좋다 *也(야): 어조사(종결형 어미) *乃(내): 이에, 곧, 너(2인칭)
*報(보): 갚다, 알리다

• 접속사 'and'의 의미로 쓰이는 경우

主明以嚴 將智以武(『史記』「張儀列傳」): 군주는 총명하고 엄격하며, 장수는 지혜롭고 굳세다.

• 조사로 上, 下, 東, 西, 南, 北, 往, 來 등과 함께 사용하는 경우, 시간, 방위, 범위 등을 나타내며, 해석하지 않아도 된다.

中人以上 可以語上也 中人以下 不可以語上也(『論語』「雍也」): 중등인 이상은 상(수준 높은 것)을 말해 줄 수 있지만, 중등인 이하는 수준 높은 이야기를 해 줄 수 없다.

---

*主(주): 주인, 군주 *嚴(엄): 엄하다 *將(장): 장수, 거느리다, 장차(부사) *語(어): 말씀, 말하다

② 爲(위)

· ~되다, 만들다, 하다.

化而爲鳥 其名爲鵬(『莊子』「逍遙遊」): 변하여 새가 되는데 그 이름을
'붕'이라 한다.

· ~를 위하여, ~때문에, ~에게

天行有常 不爲堯存 不爲桀亡(『荀子』「天論」): 하늘의 운행에는 항
상 된 법칙이 있으니 요임금을 위해서 존재하는 것도 아니고, 걸임금 때
문에 없어지는 것도 아니다.

· '爲'를 활용한 숙어의 예
– 爲A 所B: A에게 B한 바 되다, A에게 B를 당하다

衛太子爲江充所敗(『漢書』「霍光傳」): 위 태자가 강충에게 패배를 당
하다.

· 何, 何以, 奚, 奚以와 호응하여 반어문의 형식인 '何~爲' 구를 만든다.

奚以之九萬里而南爲(『莊子』「逍遙遊」): 어찌하여 구만리나 이르러
남쪽으로 가는가?

何故深思高擧 自令放爲(『古文眞寶』「漁父辭」): 무슨 까닭으로 깊이
생각하고 고상하게 행동하여 스스로 추방되게 하였습니까?

---

*化(화): 되다, 바뀌다 *鵬(붕): 붕새 *堯(요): 요임금 *桀(걸): 하(夏)나라의 마
지막 임금 *亡(망): 없어지다, 망하다, 죽다 *衛(위): 나라 이름, 지키다 *敗(패):
패하다, 무너지다 *南(남): 남쪽 *思(사): 생각하다, 그리워하다 *擧(거): 행동,
행동거지 *令(령): ~로 하여금, 좋다, 명령하다

③ 之(지)

• 명사＋之＋명사: ~'의'~ 〈소유격으로 해석〉

君子之德: 군자의 덕

天下之民: 천하의 백성

• 명사＋之＋동사＋명사: ~이~, ~가~, ~은(는)~ 〈주격조사로 해석〉

此天之亡我(『史記』「項羽本紀」): 이것은 하늘이 나를 망하게 한 것이다.

• ~한~, ~하는~ 〈관형절로 해석〉

積善之家 必有餘慶(『周易』「乾卦·文言傳」): 선을 쌓는 집은(에는) 반드시 남은 경사가 있다(경사가 후손까지 미친다).

• ~에 가다 〈뒤에 장소를 나타내는 명사가 옴〉

齊閔王將之魯(『戰國策』「趙策」): 제 민왕이 장차 노나라에 가려 하다.

• 그, 그것

之主者 守至約而詳 事至佚而功(『荀子』「王霸」): 그 주인 된 자(군주)는 지극히 간략함을 지키면서도 자세히 하고, 지극히 편안한 것을 일삼으면서도 공을 이룬다.

＊德(덕): 덕 ＊積(적): 쌓다 ＊餘(여): 남다, 여유 있다 ＊慶(경): 경사, 축하하다
＊齊(제): 나라 이름, 가지런하다 ＊魯(노): 나라 이름 ＊約(약): 약속하다, 요약하다, 단속하다 ＊詳(상): 자세하다 ＊佚(일): 편안하다

④ 於(어)(=于)

• 장소: ~에, ~에서

橘生<u>淮南</u>則爲橘 生於<u>淮北</u>則爲枳(『晏子春秋』「內篇雜下」): 귤은 회수 남쪽에서 나면 귤이 되지만, 회수 북쪽에서 나면 탱자가 된다.

• 시간: ~에, ~까지

三歲之習 至于八十(『耳談續纂』): 세 살 버릇이 여든까지 이른다.

• 대상, 목적: ~에게, ~에, ~을

吾十有五而志于學(『論語』「學而」): 나는 열다섯에 배움에 뜻을 두었다.

---

*橘(귤): 귤 *淮(회): 강 이름. 중국 하남성(河南省)에서 발원하여 황하로 흘러든다 *枳(지): 탱자 *歲(세): 해, 나이 *習(습): 익히다, 습관 *志(지): 뜻, 뜻하다, 뜻을 두다

• 피동: ~에게 당하다

受屈於<u>季氏</u> 見辱於<u>陽虎</u>(『列子』「楊朱」) 계씨에게 굴욕을 받고 양호에게서 욕을 당했다.

• 비교: ~보다

天下莫柔弱於水(『老子』): 천하에 물보다 유약한 것은 없다.

tip: '於'와 '于'는 대체로 통용된다.

『詩經』, 『尚書』, 『周易』은 '于'를 많이 썼고, 『左傳』은 '于'와 '於'를 함께 썼으며, 『論語』, 『孟子』 이후로는 '於'에 대한 활용도가 높아졌다.

---

*屈(굴): 굽히다 *見(견): 보다, 당하다 *辱(욕): 욕보이다, 수치 *莫(막): 없다
*유(柔): 부드럽다 *弱(약): 약하다

(5) 품사의 변신

한자는 형태가 고정되어 있어 조사나 어미로 변화를 줄 수가 없다. 예를 들어 '나'를 뜻하는 '我'의 경우, 주어나 목적어, 서술어 등의 문장성분과 상관없이 모두 '我'로 쓴다. 우리말은 이와 다르게 '나는', '나를', '나의' 등 '나' 뒤에 조사가 붙는다.

그렇다면 조사나 어미가 없는 한자를 어떻게 문법적으로 구분하고 활용할까?

한자는 스스로 변할 수 없는 고립어(孤立語)이다. 문장 내에서 위치 이동을 하며 품사의 변신을 꾀한다. 그곳이 주어 자리인지, 서술어 자리인지, 목적어 자리인지를 간파하는 것이 가장 중요하다. 이런 점이야말로 한문 해석의 매력이자 동시에 골칫거리이기도 하다. 품사의 변신은 무죄이며 고립(孤立)되어 자유롭다는 역설이 존재하는 셈이다.

• 명사의 형용사 변신
君君臣臣父父子子(『論語』「顔淵」): 임금은 임금답고, 신하는 신하답고, 아버지는 아버지답고, 아들은 아들다워야 한다.

• 동사의 명사 변신
信信信也 疑疑亦信也(『荀子』「非十二子」): 믿을 것을 믿는 것이 믿음이며, 의심할 것을 의심하는 것도 믿음이다.

• 명사의 동사 변신
范增數目項王(『史記』「項羽本紀」): 범증은 여러 번 항왕에게 눈짓을 하였다.

• 형용사의 명사 변신

小學而大遺, 吾未見其明也(『古文眞寶』「師說」): 작은 것은 배우고 큰 것은 버리니, 나는 그 현명함을 알지 못하겠다.

---

*信(신): 믿다 *亦(역): 또 *疑(의): 의심하다 *也(야):어조사, 종결사 *數(수/삭/촉): 여러, 셈하다 수, 자주 삭, 촘촘하다 촉 *范增(범증): BC 278~BC 204. 진(秦)나라 때 거소촌(居鄛村) 사람으로, 항우(項羽)의 모신(謀臣)이다. 항우에게 아보(亞父)라는 칭호로 존경받았으나, 결국 한(漢)나라와 내통한다는 혐의로 팽성(彭城)에서 죽임을 당했다 *項王(항왕): 항왕은 한 고조(漢高祖)와 천하를 다툰 영웅으로 항우(項羽)는 자(字)이고, 이름은 적(籍)이다. 초 패왕(楚霸王)이 되었다가 5년 만에 한 고조에게 패망하여 자살했다 *見(견): 보다, 알다

2. 문장 유형 익히기

(1) 평서문과 의문문

① **평서문(平敍文)**: 어떤 사실을 있는 그대로 서술하여 나타내는 문장. 문장 끝에 '也(야)', '矣(의)' 등의 종결사를 사용하기도 한다.

- 花開: 꽃이 피다.
- 杜甫詩聖: 두보는 시성이다.
- 農夫耕田: 농부가 밭을 갈다.
- 孔子問禮於老子(『史記』「孔子世家」): 공자가 노자에게 예를 묻다.
- 溫達 高句麗平岡王時人也(『三國史記』「溫達」): 온달은 고구려 평강왕 때 사람이다.
- 上下交征利而國危矣(『孟子』「梁惠王」): 상하가 서로 이익만 취하면 나라가 위태로워진다.

---

*耕(경): 밭 갈다 *杜甫(두보): 712~770. 자는 자미(子美), 호는 소릉(少陵). 중국 최고의 시인으로서 '시성(詩聖)'이라 불렸다 *詩聖(시성): 시에 있어서 '성인'이라는 뜻이다 *平岡王(평강왕): 고구려 제25대 왕(재위 559~590) *交(교): 서로, 사귀다, 주고받다 *征(정): 취하다(갖다), 다투다, 정벌하다 *危(위): 위태하다

②-1 **의문문(疑問文)**: 의문의 뜻을 나타내는 문장. '誰(수)', '孰(숙)', '何(하)', '安(안)', '惡(오)', '胡(호)', '奚(해)' 등의 의문사를 사용한다.

• 漢陽中 誰最富(『燕巖集』「許生傳」): 한양 안에서 누가 가장 부자인가?

• 帝王之業 草創與守成 孰難(『貞觀政要』「論君」): 제왕의 업은 초창(창업)과 수성 중 어느 것이 어려운가?

• 客何好(『戰國策』「齊策」): 객은 무엇이 좋소?

• 子將安之(『說苑』「談叢」): 그대는 장차 어디로 가려 하나?

• 上胡不法先王之法(『呂氏春秋』「察今」): 상께서는 어찌 선왕의 법을 본받지 않으십니까?

• 衛君待子而爲政 子將奚先(『論語』「子路」): 위나라 군주가 그대를 기다려 정치를 하려 하시니, 선생께서는 장차 무엇을 먼저 하시겠습니까?

＊業(업): 일, 사업 ＊草創(초창): 처음으로 시작함, 시초 ＊難(난): 어렵다 ＊將(장): 장차 ＊法(법): 법, 본받다 ＊衛君(위군): 위나라 군주 ＊待(대): 기다리다
＊子(자): 그대, 너, 아들

②-2 **의문문(疑問文)**: 문장의 끝에 '乎(호)', '耶(야)', '邪(야)', '歟(여)', '與(여)', '諸(저)' 등의 의문 종결사를 사용하여 의문의 뜻을 나타내기도 한다.

- 君子亦有窮乎(『論語』「衛靈公」): 군자 또한 곤궁한 때가 있습니까?
- 而忘越人之殺而父耶(『十八史略』): (부차야) 너는 월나라 사람이 너의 아버지를 죽였다는 것을 잊었느냐?
- 將軍怯邪(『史記』「袁盎晁錯列傳」): 장군은 겁이 나는가?
- 子非三閭大夫歟(『史記』「屈原賈生列傳」): 그대는 삼려대부가 아니십니까?
- 管仲 非仁者與(『論語』「憲問」): 관중은 인한 자가 아니겠지요?
- 堯以天下與舜 有諸(『孟子』「萬章」): 요임금은 천하를 순임금에게 주셨다는데 (그러한 일이) 있습니까?

---

*窮(궁): 궁핍하다, 곤궁하다 *而(이): 너, 그대 *忘(망): 잊다 *越(월): 나라 이름, 넘다, 뛰어나다 *殺(살): 죽이다 *怯(겁): 겁내다, 겁을 주다, 위협하다 *三閭大夫(삼려대부): 전국시대 초 회왕(楚懷王) 때 삼려대부였던 굴원(屈原)을 말한다. 삼려는 초(楚)나라 굴원의 봉호이다 *管仲(관중): 춘추시대 제(齊)나라의 재상. 제 환공(齊桓公)을 춘추 5패(覇) 최초의 패자로 만들었다. 포숙아(鮑叔牙)와의 깊은 우정으로 '관포지교(管鮑之交)'라는 고사성어를 탄생시킨 인물이다 *與(여): 의문 종결사(=歟) *諸(저): 의문 종결사

②-3 **의문문(疑問文)**: '何(하) ~ 乎(호)', '何(如) ~ 也', '奚(해) ~ 也'
등과 같이 의문사와 의문 종결사를 함께 사용하기도 한다.

- 汝何不受乎(『說苑』「立節」): 너는 어찌하여 받지 않는가?
- 蘇秦曰 嫂 何前倨而後卑也(『戰國策』「秦策」): 소진이 "형수께서
는 어찌 전에는 거만하시다가 후에는 비굴하십니까?"라고 하였다.
- 以子之矛 陷子之盾 何如(『韓非子』「難一」): 너의 창으로써 너의
방패를 뚫는다면 어떻게 되겠는가?
- 吳起 何如人也(『史記』「吳起列傳」): 오기는 어떠한 사람인가?

---

*汝(여): 너, 그대 *受(수): 받다 *蘇秦(소진): 전국시대 연(燕)나라 문후(文侯)
의 책사. 전국 7웅 중 가장 강한 진(秦)나라를 견제하기 위해 나머지 6국이 동맹
하여 대항해야 한다는 합종책을 설파했다 *嫂(수): 형수 *倨(거): 거만하다 *卑
(비): 낮다 *吳起(오기): 전국시대 위(魏)나라의 명장이다. 평소 사졸들과 같은
음식을 먹고 같은 옷을 입으면서 동고동락했는데, 심지어 종기가 나서 고생하는
병졸의 고름을 입으로 빨아 주기까지 했으므로 전쟁터에 나가면 부하들이 목숨
을 아끼지 않고 싸웠다고 한다

(2) 부정문과 반어문

①-1 **부정문(否定文)**: 어떤 동작이나 상태 혹은 사물을 부정하는 뜻을 나타내는 문장. '不(불)', '非(비)', '弗(불)', '未(미)', '無(무)', '莫(막)', '否(부)', '匪(비)' 등의 부정사를 사용한다.

- 一日之狗 不知畏虎(『耳談續纂』): 하룻강아지 범 무서운 줄 모른다.
- 自招其禍 非天降殃(『明心寶鑑』「立敎」): 스스로 그 화를 부른 것이지 하늘이 재앙을 내린 것이 아니다.
- 其人弗能應也(『韓非子』「難一」): 그 사람은 대답할 수 없었다.
- 未有仁而遺其親者也(『孟子』「梁惠王」): 인하고서(어질고서) 그 부모를 버린 자는 있지 않다.
- 君子食無求飽 居無求安(『論語』「學而」): 군자는 먹을 때 배부름을 구하지 않고, 거처함에 편안함을 구하지 않는다.
- 諸將皆莫信(『史記』「淮陰侯列傳」): 여러 장수가 모두 믿지 못했다.

---

*狗(구): 개 *畏(외): 두려워하다 *虎(호): 호랑이 *招(초): 부르다 *禍(화): 재앙 *降(강/항): 내리다 강, 항복하다 항 *殃(앙): 재앙 *能(능): 능하다, ~할 수 있다 *應(응): 응하다, 응당, 마땅히 *遺(유): 버리다, 남기다 *親(친): 부모, 친하다 *飽(포): 배부르다, 배불리 먹다 *求(구): 구하다, 찾다 *居(거): 살다, 가지다, 점유하다 *諸(제): 여러, 모두 *信(신): 믿다

①-2 **부정문(否定文)**: '無不(무불)', '非不(비불)', '莫不(막불)', '不可不(불가불)', '未嘗不(미상불)', '無(무)〜不(불)…' 등과 같이 이중으로 부정하여, 강조 또는 강한 긍정의 뜻을 나타내기도 한다.

- 吾矛之利 於物 無不陷也(『韓非子』「難一」): 내 창의 예리함은 사물에 있어 뚫지 못함이 없다.
- 非不說子之道 力不足也(『論語』「雍也」): 선생님의 도를 좋아하지 않는 것은 아니지만, 힘이 부족합니다.
- 顏色端正 志行脩整 見者無不欽(欽)艶 而不敢犯(『三國史記』「薛氏女」): 얼굴빛이 단정하며 뜻과 행실이 잘 닦이고 정돈되었다. (그녀를) 보는 자들이 그 미모를 흠모하지 않는 이가 없었으나 감히 범접하지는 못했다.
- 父母之年 不可不知也(『論語』「里仁」): 부모님의 나이는 알지 못해서는 안 된다.
- 每讀其傳 未嘗不想見其人(『唐宋八大家文鈔』「王彦章畫像記」): 매양 그 전을 읽을 때마다 일찍이 그 사람을 상상해보지 않은 적이 없다.

---

*說(설/열/세): 말씀 설, 기쁘다 열, 달래다 세 *顏色(안색): 얼굴빛 *端(단): 바르다, 곧다 *脩(수): 닦다(= 修) *整(정): 정돈하다 *欽(흠): 공경하다 *艶(염): 예쁘다, 곱다 *犯(범): 범하다, (여자를) 욕보이다 *每(매): 매양 *傳(전): 전하다 *想(상): 생각하다, 상상하다

①-3 **부정문(否定文)**: '必(필)', '常(상)' 등과 같이 조건을 나타내는 부사와 함께 쓰여 부분적으로만 부정하거나 또는 전체를 부정하는 뜻을 나타내기도 한다.

- 弟子不必不如師(『古文眞寶』「師說」): 제자라고 해서 반드시 스승만 못한 것은 아니다.
- 仁者必有勇 勇者不必有仁(『論語』「憲問」): 인한 자는 반드시 용감함이 있으나, 용감한 자에게 반드시 인함이 있는 것은 아니다.
- 車胤家貧 不常得油(『蒙求』): 차윤은 집이 가난하여 항상(늘) 기름을 얻을 수 있었던 것은 아니었다.
- 千里馬常有 而伯樂不常有(『古文眞寶』「雜說」): 천리마는 항상 있지만, 백락은 항상 있는 것이 아니다.
- 猶螳螂之怒臂以當車轍 則必不勝任矣(『莊子』「天地」): 사마귀가 노하여 앞발로 수레에 맞서는 것과 같으니, 그렇다면 즉 반드시 감당하지 못할 것이다.

---

*如(여): 같다 *師(사): 스승, 스승으로 삼다, 군사 *勇(용): 용감하다 *貧(빈): 가난하다 *油(유): 기름 *伯樂(백락): 주(周)나라 때 말을 잘 다루던 사람으로, 성은 손(孫), 이름은 양(陽)이다 *螳螂(당랑): 사마귀 *怒(노): 성내다 *車(거/차): 수레, 차 *臂(비): 팔뚝 *轍(철): 수레바퀴 자국 *勝任(승임): 감당하다 *以(이): ~로써

②-1 **반어문(反語文)**: 어떤 사실을 강조하거나 동의를 구하기 위하여 반문(反問)하는 뜻을 나타내는 문장. 외형상 의문문과 차이는 없으나, 대답을 요구하지 않는다는 점이 다르다. '何(하)', '安(안)', '惡(오)', '焉(언)', '胡(호)' 등의 의문사를 사용한다.

• 精神一到 何事不成(『朱子語類』): 정신을 한곳에 이르게 하면 무슨 일인들 이루어지지 않겠는가?
• 來言不美 去言何美(『旬五志』): 오는 말이 곱지 않은데, 가는 말이 어찌 고우리오?
• 蛇固無足 子安能爲之足(『戰國策』「齊策」): 뱀은 본래 발이 없는데, 그대가 어찌 그 발을 만들 수 있겠는가?
• 以小易大 彼惡知之(『孟子』「梁惠王」): 작은 것으로써 큰 것을 바꾸었으니, 저들이 어찌 그것을 알리오?
• 割雞 焉用牛刀(『論語』「陽貨」): 닭을 베는데 어찌 소 잡는 칼을 쓰겠는가?
• 歸去來兮 田園將蕪 胡不歸(『古文眞寶』「歸去來辭」): 돌아가자, 전원이 장차 황폐해질 텐데 어찌 돌아가지 않겠는가?

---

*精(정): 자세하다, 면밀하다 *神(신): 정신, 혼, 신 *到(도): 이르다 *蛇(사): 뱀 *固(고): 본래 *足(족): 발, ~하기에 족하다 *易(역/이): 바꾸다 역, 쉽다 이, *割(할): 나누다, 베다 *兮(혜): 어조사 *蕪(무): 거칠다, 우거지다, 잡초

②-2 **반어문**(反語文): 의문사와 종결사를 함께 쓰기도 하며, '豈(기)', '寧(녕)', '庸(용)' 등의 반어부사를 사용하기도 한다.

· 彼丈夫也 我丈夫也 吾何畏彼哉(『孟子』「滕文公」): 저(저 사람)도 장부요, 나도 장부인데 내가 어찌 저 사람을 두려워하겠는가?

· 燕雀 安知鴻鵠之志哉(『史記』「陳涉世家」): 제비와 참새가 어찌 기러기와 고니의 뜻을 알겠는가?

· 我豈能爲五斗米 折腰向鄕里小兒耶(『晉書』「隱逸傳」): 내가 어찌 다섯 말의 쌀 때문에 향리의 소인배에게 허리를 굽히겠는가?

· 王侯將相 寧有種乎(『史記』「陳涉世家」): 왕후장상이 어찌 씨가 (따로) 있겠는가?

· 吾師道也 夫庸知其年之先後生於吾乎(『古文眞寶』「師說」): 나는 도를 스승으로 삼은 것이니, 대저 어찌 그 나이가 나보다 먼저 태어났는지 뒤에 태어났는지를 알아야 하는가?

· 學而時習之 不亦說乎(『論語』「學而」): 배우고 때때로 그것을 익히면 또한 즐겁지 아니한가?

---

*說(열): 기쁘다 *丈夫(장부): 어른 장, 사내 부 *燕(연): 제비, 나라 이름, 잔치(＝宴) *雀(작): 참새 *鴻(홍): 큰 기러기 *鵠(곡): 고니, 희다 *折(절): 꺾다, 자르다, 부러지다 *腰(요): 허리 *斗(두): 말(부피의 단위) *米(미): 쌀 *種(종): 종자, 씨앗 *王侯將相(왕후장상): 제왕, 제후, 장수, 재상을 아울러 이르는 말

(3) 사동문과 피동문, 금지문

① **사동문(使動文):** 어떤 사람(사물)이 다른 사람(사물)으로 하여금 어떤 동작을 하게 하는 뜻을 나타내는 문장. '使(사)', '令(령)', '敎(교)', '遣(견)' '俾(비)' 등 사역의 뜻을 지닌 동사를 사용하며, '遣(견)', '命(명)', '勸(권)' 등의 동사도 의미상 사역의 뜻을 지닌다. 또한 문맥상 사역의 뜻을 나타내는 경우도 있다.

• 今母之力 不能使痛 是以泣(『說苑』「建本」): 지금 어머님의 힘이 (저를) 아프게 하실 수 없으니 이 때문에 웁니다.

• 遂敎方士殷勤覓(『古文眞寶』「長恨歌」): 드디어 방사(도사)로 하여금 은근(절실)히 찾게 하네.

• 俾予一人 輯寧爾邦家(『書經』「湯誥」): 나 한 사람으로 하여금 너희 나라를 편안하고 안녕케 하였다.

• <u>管仲</u>相<u>桓公</u> 霸諸侯(『論語』「憲問」): 관중이 환공을 도와 제후들의 패자가 되게 하였다.

---

*痛(통): 아프다 *是以(시이): 이러한 까닭으로 *泣(읍): 울다 *方士(방사): 신선의 술법을 닦는 사람 *殷勤(은근): 간절한 모습(=慇懃) *覓(멱): 찾다 *輯(집): 화목하다, 모으다 *爾(이): 너, ~뿐 *邦家(방가): 나라 *桓公(환공): 오패(五霸)의 하나인 제 환공(齊桓公)을 말한다. 이름은 소백(小白) *相(상): 재상, 돕다 *霸(패): 이기다, 으뜸

② **피동문(被動文)**: 어떤 사람(사물)이 다른 사람(사물)에 의해 어떤 동작을 받게 되는 뜻을 나타내는 문장. '見(견)', '被(피)' 등의 조동사나 '爲(위)~所(소)~', '見~於(어)~' 등을 사용하며, 동사 뒤에 행위의 주동자를 나타내는 '於', '乎(호)' 등을 사용하기도 한다. 또한 문맥상 피동의 뜻을 나타내는 경우도 있다.

• 屈原曰 舉世混濁而我獨淸 衆人皆醉而我獨醒 是以見放(『史記』「屈原賈生列傳」):

굴원이 이르길, "온 세상이 혼탁한데 (그러나) 나 홀로 깨끗하고, 여러 사람이 모두 취해있는데 (그러나) 나 홀로 깨어 있다. 이 때문에 추방당한 것이다."

• 爲流矢所中 踣而死(『三國史記』「溫達」): 쏟아지는 화살에 적중되어 쓰러져 죽었다.

• 兎不可復得 而身爲宋國笑(『韓非子』「五蠹」): 토끼는 다시 얻을 수 없었으며, 자신은 송나라의 웃음거리가 되었다.

• 不信乎朋友 不獲乎上(『中庸』): 벗들에게 신뢰를 얻지 못하면 윗사람의 신뢰를 받지 못한다.

• 好憎人者 亦爲人所憎(『說苑』「談叢」): 남을 미워하기를 좋아하는 이는 또한 남에게 미움을 당한다.

• 仁則榮 不仁則辱(『孟子』「公孫丑上」): 인하면 영화롭고, 인하지 않으면 치욕을 당한다.

---

*屈原(굴원): 전국시대 초 회왕(楚懷王) 때 삼려대부(三閭大夫)로 간신(奸臣)의 참소를 당하여 간쟁했으나 받아들여지지 않자 멱라수(汨羅水)에 빠져 죽었다

＊擧(거): 모두, 들다 ＊混(혼): 섞다 ＊濁(탁): 탁하다 ＊淸(청): 맑다 ＊醉(취): 취하다 ＊醒(성): 술 깨다 ＊見(견): 당하다, 보다 ＊放(방): 추방하다, 놓다 ＊流矢(유시): 방향 없이 날아오는 화살 ＊兎(토): 토끼 ＊復(부/복): 다시 부, 회복하다 복 ＊乎(호): 어조사, ~에게, ~인가 ＊獲(획): 얻다, 빼앗다 ＊憎(증): 미워하다 ＊榮(영): 영화롭다 ＊辱(욕): 욕보다

③ **금지문(禁止文)**: '～하지 마라'는 금지의 뜻을 나타내는 문장. '勿 (물)', '無(무)', '莫(막)', '毋(무)' 등의 금지사를 사용한다.

- 己所不欲 勿施於人(『論語』 「顔淵」): 자신이 하고자 하지 않는 바를 남에게 베풀지 말라.
- 無友不如己者(『論語』 「學而」): 자기만 못한 자를 벗하지 말라.
- 莫多飮酒(『明心寶鑑』 「繼善」): 술을 많이 마시지 말라.
- 臨財 毋苟得 臨難 毋苟免(『禮記』 「曲禮」): 재물에 임하여 구차하게 얻지 말며, 어려움에 임하여 구차하게 피하지 말라.

---

*施(시): 베풀다 *無(무): ~하지 말라, 없다 *友(우): 벗, 벗삼다 *不如(불여): ~만 못하다, ~와 같지 않다 *臨(임): 임하다, 가까이하다 *財(재): 재물 *苟(구): 구차하다, 만일, 진실로 *難(난): 어렵다 *免(면): 피하다

(4) 비교문과 가정문

①-1 **비교문(比較文)**: 어떤 것을 다른 것과 비교하여, 그 상태나 성질의 정도 또는 우열을 나타내는 문장. '如(여)', '若(약)', '於(어)', '乎(호)' 등을 사용하며, '不', '莫(막)' 등의 부정사와 함께 쓰기도 한다.

- 苛政猛於虎(『禮記』「檀弓」): 가혹한 정치가 호랑이보다 사납다.
- 靑取之於藍而靑於藍(『荀子』「勸學」): 푸른색은 쪽에서 그것을 취했으나 (그러나) 쪽보다 푸르다.

cf) 靑出於藍而靑於藍(푸른색은 쪽에서 나왔으나 (그러나) 쪽보다 푸르다)

- 少而好學 如日出之陽(『說苑』「建本」): 젊어서 배우기를 좋아하는 것은 해가 떠오를 때의 볕과 같다.
- 交友之道 莫如信義(『小學』): 벗을 사귀는 도는 신의만한 것이 없다.
- 衣莫若新 人莫若故(『洌上方言』): 옷은 새 것만한 것이 없고, 사람은 옛 사람(친구)만한 이가 없다.
- 天下之水 莫大於海(『莊子』「秋水」): 천하의 물은 바다보다 큰 것이 없다.

---

*苛(가): 가혹하다, 사납다 *政(정): 정사, 정치 *猛(맹): 사납다 *出(출): 나오다 *靑(청): 푸르다, 푸른색 *取(취): 취하다 *藍(람): 쪽풀, 남색 *陽(양): 볕 *聞(문): 듣다 *新(신): 새롭다 *故(고): 옛, 이유

①-2 **비교문(比較文)**: '與其(여기)~不如(불여)…', '與其~不若(불약)…', '與其~寧(녕)…', '與其~孰若(숙약)…', '與其~豈若(기약)…', '與其~無寧(무녕)…', '~孰與(숙여)…', '寧~' 등의 구문을 사용하여 비교 선택의 뜻을 나타내기도 한다. 대체로 '~하느니 차라리 ~하는 것이 낫다'로 해석한다.

- 與其生而無義 固不如烹(『史記』「田單列傳」): 살아서 의롭지 못한 것은 진실로 팽 당하느니만 못하다.
- 與其富而畏人 不若貧而無屈(『太平御覽』「百穀部·粟」): 부유하고서 사람을 두려워하는 것은 가난하면서 굽힘이 없는 것만 못하다.
- 禮 與其奢也 寧儉(『論語』「八佾」): 예는 사치하기보다는 차라리 검소해야 한다.
- 與其有樂於身 孰若無憂於其心(『古文眞寶』「送李愿歸盤谷序」): 그 몸에 즐거움이 있기보다는 그 마음에 근심이 없는 것이 낫다.
- 且而與其從辟人之士也 豈若從辟世之士哉(『論語』「微子」): 또한 그대는 사람을 피하는 선비를 따르기보다는 차라리 세상을 피하는 선비를 따르는 것이 낫다.
- 與其死於臣之手也 無寧死於二三子之手乎(『論語』「子罕」): 가신의 손에서 죽기보다는(죽느니) 차라리 그대들의 손에서 죽는 게 낫지 않겠는가?
- 沛公曰 孰與君少長 良曰 長於臣(『史記』「項羽本紀」): 패공이 "(그와) 그대 중 누가 나이가 많은가?"(그대와 비교하여 少長(나이의 많고 적음)은 어떠한가?)라고 하였다. 장량이 "저(臣)보다 많습니다."라고 하였다.
- 寧爲雞口 無爲牛後(『戰國策』「韓策」): 차라리 닭의 입이 될지언정 소의 꼬리는 되지 말라.

*烹(팽): 삶다, 삶아 죽이다 *屈(굴): 굽히다 *奢(사): 사치하다 *儉(검): 검소
하다 *憂(우): 근심하다 *辟(벽): 치우치다, 피하다, 임금 *且(차): 또, 장차 *而
(이): 너, 그대 *辟(벽): 치우치다, 피하다, 임금 *沛公(패공): 한 고조(漢高祖) 유
방(劉邦)이 임금이 되기 전의 칭호이다. 그의 고향이 패(沛) 땅인 데에서 유래했
다 *良(량): 여기서는 장량(張良)을 말한다. 장량(張良, BC 250~BC 186)의 자
(字)는 자방이다. 한 고조 유방의 명신으로 그를 도와 천하를 통일했다. 뒤에 유
후(留侯)에 봉해졌으나 은거 생활을 했다 *少(소): 젊다, 적다 *長(장): 어른, 길
다 *雞口(계구): 닭의 부리 *牛後(우후): 소의 꼬리

②-1 **가정문(假定文)**: 어떤 조건을 전제로 가정하여, 그 예상되는 결과를 서술하는 문장. '若(약)', '如(여)', '苟(구)', '使(사)', '雖(수)', '縱(종)', '微(미)' 등의 가정을 나타내는 부사를 사용한다.

• 春若不耕 秋無所望(『明心寶鑑』): 봄에 만일 밭 갈지 않으면 가을에 바랄 바가 없다.

tip 〈공자삼계도(孔子三計圖)〉
一生之計 在於幼 (일생의 계획은 어린 시절에 달려있고)
一年之計 在於春 (일년의 계획은 봄에 달려 있고)
一日之計 在於寅 (하루의 계획은 인시(寅時: 오전 3시~오전 5시)에 달려 있다)

幼而不學 老無所知 (어려서 배우지 않으면 늙어서 아는 바가 없고)
春若不耕 秋無所望 (봄에 만일 밭 갈지 않으면, 가을에 바랄 바가 없고)
寅若不起 日無所辦 (인시에 만일 일어나지 않으면, 그날 힘쓸 바가 없다)

---

*春(춘): 봄 *秋(추): 가을 *在(재): ~에 (달려) 있다, 있다 *寅(인): 세 번째 지지(地支). 여기서는 인시(寅時)를 말한다. 하루 24시간을 12지지(子丑寅卯辰巳午未辛酉戌亥)로 나누어 설정하는데, 시간의 구간은 다음과 같다.
자시: 23시~1시, 축시: 1시~3시, 인시: 3시~5시, 묘시: 5시~7시,
진시: 7시~9시, 사시: 9시~11시, 오시: 11시~13시, 미시: 13시~15시,
신시: 15시~17시, 유시: 17시~19시, 술시: 19시~21시, 해시: 21시~23시
*望(망): 바라다, 바라보다

• 如詩不成 罰依金谷酒數(『古文眞寶』 「春夜宴桃李園序」): 만약 시가 이루어지지 않으면 금곡주 숫자에 의해 벌을 주리라.

• 苟非吾之所有 雖一毫而莫取(『古文眞寶』 「前赤壁賦」): 만일 나의 소유가 아니라면 비록 터럭 하나라도 취하지 말라.

• 使武安侯在者 族矣(『史記』 「魏其武安侯列傳」): 만일 무안후가 살아 있었더라면 삼족을 멸했을 것이다.

• 縱江東父兄 憐而王我 我何面目見之(『史記』 「項羽本紀」): 비록 강동의 부형들이 불쌍하게 여겨 나를 왕노릇 하게 한다 하여도 내가 무슨 면목으로 그들을 보겠는가.

• 微管仲 吾其被髮左衽矣(『論語』 「憲問」): 관중이 아니었다면 우리는 머리를 풀고 옷깃을 좌측으로 여몄을 것이다.

---

*依(의): ~에 의하다, 의지하다 *罰(벌): 벌하다 *금곡주(金谷酒): 금곡은 진(晉)의 부호 석숭(石崇)이 하양(河陽)에 지은 별장(別莊) 이름으로 화려한 연회가 자주 열렸다. 그곳에서 마신 술을 '금곡주'라 칭한 것이다. *苟(구): 만일 ~라면 *莫(막): ~하지 말라 *取(취): 갖다, 취하다 *毫(호): 터럭 *武安侯(무안후): 전한(前漢) 경제(景帝)의 황후의 친동생인 전분(田蚡)이다. 무제(武帝) 때 무안후(武安侯)에 봉해지고 승상에 올랐으나 권력을 남용했다 *族(족): (삼족을) 멸하다, 겨레, 모이다 *憐(련): 불쌍하게 여기다 *面目(면목): 체면, 얼굴의 생김새 *被髮(피발): 머리를 풀어 헤치다 *左衽(좌임): 옷깃을 왼쪽으로 여미다. 衽(임)은 옷깃

②-2 **가정문(假定文)**: '則(즉)', '卽(즉)' 등의 접속사를 사용하며, '則', '卽' 등의 접속사를 가정을 나타내는 부사와 함께 쓰거나 '不~ 不~' 등의 구문을 쓰기도 한다. 또한 의미상 가정의 뜻을 나타내는 경우도 있다.

• 學而不思則罔 思而不學則殆(『論語』「爲政」): 배우고서 생각지 않으면 얻는 것이 없고, 생각하고서 배우지 않으면 위태로워진다.

• 不入虎穴 不得虎子(『後漢書』「班超傳」): 호랑이 굴로 들어가지 않으면 호랑이 새끼를 얻을 수 없다.

• 朝聞道 夕死可矣(『論語』「里仁」): 아침에 도를 들으면 저녁에 죽어도 괜찮을 것이다.

• 知彼知己 百戰不殆(『孫子兵法』「謀攻」): 저들을 알고 나를 알면 백번 싸워도 위태롭지 않다.

---

*思(사): 생각하다 *罔(망): 없다, 속이다, 그물 *殆(태): 거의 *得(득): 얻다 *虎子(호자): 호랑이 새끼 *朝(조): 아침 *聞(문): 듣다 *夕(석): 저녁 *戰(전): 싸우다 *彼(피): 저, 저것 *己(기): 자신, 몸 *殆(태): 위태롭다

(5) 한정문과 억양문, 감탄문

①-1 **한정문(限定文)**: 어떤 사물이나 행위의 범위 또는 정도를 한정하는 뜻을 나타내는 문장. '唯(유)', '惟(유)', '但(단)', '只(지)', '獨(독)', '特(특)', '直(직)', '徒(도)' 등 한정을 나타내는 부사를 사용한다.

· 唯仁者 能好人 能惡人(『論語』「里仁」): 오직 인한 자라야 사람을 좋아할 수 있고, 사람을 미워할 수 있다.
· 無恒産而有恒心者 惟士爲能(『孟子』「梁惠王」): 항산이 없고서도 항심이 있는 자는 사(士)라야 능히 할 수 있다.
· 空山不見人 但聞人語響(『唐詩三百首』「鹿柴」): 빈산에 사람은 보이지 않고 다만 사람 소리 메아리만 들려 올 뿐.
· 只在此山中 雲深不知處(『唐詩三百首』「尋隱者不遇」): 단지 이 산속에 계시지만, 구름이 깊어 계신 곳을 알지 못하겠습니다.
· 人皆有兄弟 我獨亡(『論語』「顔淵」): 사람들은 모두 형제가 있는데, 나만 유독 없습니다.
· 又恨女身不得代行 徒自愁悶(『三國史記』「薛氏女」): 또한 여자의 몸으로 대신 갈 수 없는 것이 한스러워 다만(그저) 스스로 걱정할 뿐입니다.

---

*士(사): 선비, 재능 있는 사람 *恒産(항산): 일정한 직업과 재산. *響(향): 메아리, 울리다 *此(차): 이, 이것 *深(심): 깊다 *處(처): 곳, 처하다 *亡(무/망): 없다 무, 망하다 망 *又(우): 또 *恨(한): 한스럽다, 원망하다 *代(대): 대신하다, 세대 *行(행): 행하다, 떠나다 *悶(민): 걱정하다, 근심하다

①-2 **한정문**(限定文): '耳(이)', '爾(이)', '而已(이이)', '焉耳矣(언이의)', '而已矣(이이의)' 등의 종결사를 사용하며, 한정을 나타내는 부사와 함께 쓰기도 한다.

- 此在兵法 顧諸君不察耳(『史記』「淮陰侯列傳」): 이것은 병법에 있으나 다만 제군들이 살피지 않았을 따름이다.
- 我知種樹而已 官理非吾業也(『古文眞寶』「種樹郭橐駝傳」): 나는 나무 심는 것만 알 뿐이오. 관리의 일은 나의 본업이 아니다.
- 寡人之於國也 盡心焉耳矣(『孟子』「梁惠王」): 과인은 나라에 대해 마음을 다할 뿐이다.
- 學問之道 無他 求其放心而已矣(『孟子』「告子」): 학문의 도는 다름이 아니라 그 잃어버린 마음을 찾는 것일 뿐이다.
- 寡人非能好先王之樂也 直好世俗之樂耳(『孟子』「梁惠王」): 과인은 능히 선왕의 음악을 좋아할 수 없고, 다만 세속의 음악을 좋아할 뿐이다.
- 孟嘗君 特雞鳴狗吠之雄耳(『古文眞寶』「讀孟嘗君傳」): 맹상군은 다만 닭 울음소리를 내고 개 짖는 소리를 내는 우두머리일 뿐이다.

---

*此(차): 이것, 이 *察(찰): 살피다 *種(종): 심다, 씨앗 *樹(수): 나무, 심다 *官(관): 벼슬 *理(리): 이치, 다스리다 *業(업): 일, 직업 *盡(진): 다하다 *放(방): 잃다, 놓다 *世(세): 세상, 세대 *俗(속): 풍속 *樂(악/락/요): 음악 악, 즐겁다 락, 좋아하다 요 *孟嘗君(맹상군): 이름은 전문(田文). 제(齊)나라의 정승이 되었을 때 현사(賢士)를 초빙하여 식객(食客)이 3천 명에 이르렀다 *雄(웅): 수컷, 우두머리, 영웅 *吠(폐): (개가) 짖다 *鳴(명): 울다

①-3 **한정문(限定文)**: '非獨(비독)', '非但(비단)', '非徒(비도)'처럼 한정을 나타내는 부사 앞에 부정사나 의문사가 오면 '~할 뿐만 아니라, …하기도 하다'라는 뜻을 나타낸다.

• 非獨賢者有是心也 人皆有之(『孟子』「告子」): 유독(다만) 현능한 자만이 이 마음을 가지고 있는 것이 아니요, 사람들은 모두 그것을 가지고 있다.

• 非但君擇臣 臣亦擇君(『通鑑節要』): 단지 군주만 신하를 택하는 것이 아니고, 신하 또한 군주를 택한다.

• 非徒危己也 又且危父矣(『韓非子』「外儲說」): 다만 자기를 위태롭게 할 뿐만 아니라, 또한 장차 아버지까지 위태롭게 할 것이다.

• 豈惟不容於朝廷 亦見棄於鄕里(『資治通鑑』): 어찌 오직 조정에서만 용납되지 않겠는가, 또한 향리에서도 버림받을 것이다.

---

*是(시): 이, 이것, 옳다 *之(지): 그것(대명사) *君(군): 임금, 군주, 그대 *臣(신): 신하 *賢(현): 어질다, 현능하다 *擇(택): 가리다, 선택하다 *危(위): 위태롭다, 위험하다 *豈(기): 어찌 *且(차): 장차, 또 *容(용): 받아들이다, 얼굴, 용서하다 *棄(기): 버리다

②-1 **억양문(抑揚文)**: 정도가 낮은 것부터 먼저 서술한 다음에 어조를 높여 강조하는 뜻을 나타내는 문장. '況(황)~乎(호)', '尙(상)~ 況(황)… 乎', '猶(유)~ 況…乎', '且(차)~ 況…乎', '且~ 安(안)…哉(재)' 등을 사용한다.

• 臣以爲布衣之交 尙不相欺 況大國乎(『史記』「廉頗藺相如列傳」): 신은 포의(일반 사람)의 사귐도 오히려 서로 속이지 않는다고 여기는데, 하물며 대국에 있어서겠습니까?

• 匹夫猶不欲食言 況至尊乎(『三國史記』「溫達」): 필부도 오히려 식언을 하지 않으려 하거늘, 하물며 지존에 있어서겠습니까?

• 臣且死不避 巵酒安足辭(『史記』「項羽本紀」): 신은 또한 죽음도 피하지 않거늘, 한잔 술을 어찌 족히 사양하겠습니까?

---

*布衣(포의): 베옷, 벼슬하지 않은 사람이 입는 옷 *欺(기): 속이다 *食言(식언): 한번 입에서 나온 말을 다시 입으로 들여보낸다는 의미로, 거짓말을 하는 것을 말한다. 『서경(書經)』「탕서(湯誓)」에 탕왕(湯王)이 걸왕(桀王)을 칠 때 박(亳) 땅의 백성들에게 맹세하면서 "나는 식언하지 않는다."라고 한 용례가 있다 *至尊(지존): 지극히 높은 존재, 왕을 일컫는다 *避(피): 피하다 *巵(치): 술잔 *酒(주): 술 *辭(사): 사양하다, 작별하다, 말씀

③-1 **감탄문(感歎文):** 어떤 상황이나 사실에 대해 찬미하거나 기뻐하는 감정, 슬프거나 미워하는 감정을 나타내는 문장. '噫(희)', '惡(오)', '嗚呼(오호)', '於乎(오호)', '嗟乎(차호)', '嗟夫(차부)' 등의 감탄사를 사용한다.

- 噫 天喪予 天喪予(『論語』「先進」): 아! (슬프구나) 하늘이 나를 버리셨도다, 하늘이 나를 버리셨도다.
- 惡 是何言也(『孟子』「公孫丑」): 아! 이것이 무슨 말인가.
- 嗟乎 師道之不傳也 久矣(『古文眞寶』「師說」): 안타깝다! 스승의 도가 전해지지 않은 지 오래되었구나.
- 死生決矣 於乎歸矣(『三國史記』「溫達」): 죽고 사는 것이 결정되었습니다. 아! (하늘로) 돌아가십시다.
- 嗟夫 使六國各愛其人 則足以拒秦(『古文眞寶』「阿房宮賦」): 안타깝구나. 만일 여섯 나라가 각기 그 백성들을 사랑했다면 족히(충분히) 진나라를 막아냈을 것이다.

---

*喪(상): 잃다, 죽다 *予(여): 나, 주다 *是(시): 이, 이것 *何(하): 무엇, 어찌 *道(도): 도, 방법 *久(구): 오래되다 *決(결): 결정하다 *六國(육국): 전국시대의 제후국(諸侯國) 중에서 진(秦)을 제외한 여섯 나라. 초(楚), 연(燕), 제(齊), 한(韓), 위(魏), 조(趙) *拒(거): 막다 *使(사): ~로 하여금 ~하게 하다 *足以(족이): ~하기에 충분하다

③-2 **감탄문**: '矣(의)', '哉(재)', '乎(호)', '夫(부)', '～矣(의) …也(야)', '～哉(재) …也(야)' 등의 종결사를 사용하며, '矣', '哉',등의 종결사를 감탄사와 함께 쓰기도 합니다.

- 甚矣 吾衰也 久矣 吾不復夢見周公(『論語』「述而」): 심하도다, 나의 쇠약함이여! 오래되었구나, 내가 다시 꿈에서 주공을 뵙지 못한 것이!

- 善哉乎 鼓琴 巍巍乎 若太山(『呂氏春秋』「本味」): 훌륭하구나, 거문고 탐이여. 우뚝하고 우뚝하여 마치 태산과 같구나.

- 天乎 吾無罪(『史記』「秦始皇本紀」): 하늘이시여! 나는 죄가 없습니다.

- 逝者如斯夫 不舍晝夜(『論語』「子罕」): 가는 것이 이와 같도다! 밤낮으로 쉬지 않는구나.

- 回也不改其樂 賢哉 回也(『論語』「雍也」): 안회는 그 즐거움을 고치지 않았으니, 어질구나, 회여!

---

*甚(심): 심하다 *衰(쇠): 쇠하다, 약해지다 *夢(몽): 꿈을 꾸다, 꿈 *周公(주공): 주나라 문왕(文王)과 정비 태사(太姒)의 넷째 아들로, 주 왕조를 세운 무왕(武王)의 동생이다. 이름은 단(旦) 또는 숙단(叔旦)으로, 흔히 주공 단이라고 일컬어진다. 왕족과 공신을 제후에 봉하는 주초 봉건제를 실시하여 봉건 국가의 기틀을 다졌다. 『주례(周禮)』,『의례(儀禮)』 등을 저술해 주나라의 예악과 문물을 정비했다 *顔回(안회): 춘추시대 노(魯)나라 사람으로 자는 자연(子淵)이다. 공자의 수제자였으나 서른두 살의 젊은 나이로 요절했다 *改(개): 고치다

tip 일주일에 익히는 한문문법 숙어

첫날

1. A是B: A는 B이다

2. 以A爲B: A를 B로 삼다, A를 B로 여기다

   cf) 以爲A: A라고 여기다/생각하다

3. 以AB: A로써 B하다

4. A謂B曰: A가 B에게 말하다

5. A謂B: A가 B에 대해 평하다

6. 自A至B: A로부터 B에 이르기까지

7. 非A與(歟)?: A가 아니겠는가?

둘째 날

8. A何(不)B(乎)?: A가 어찌 B하겠는가?(B하지 않겠는가?)

9. 何以A?: 어째서(무엇으로써) A하겠는가?

10. 所A: A하는 바

11. 所以A: A하는 까닭이다 / A하는 바이다

12. A何如?: A는 어떠한가? / A는 어째서인가?

13. 不A: A가 아니다

14. 未(有)A: 아직 A하지 않다 / A가 아니다

셋째 날

15. 無不(非不)A: A하지 않음이 없다(이중부정)

    =莫不A

16. 不可不A: A하지 않을 수 없다

17. 未嘗不A: A하지 않은 적이 없다

18. A不必B: A가 반드시 B한 것은 아니다(부분부정)

    =A未必B

19. A不常B: A가 항상 B한 것은 아니다(부분부정)

20. 其A乎: 아마도 A인 듯하다 / 아마도 A일 것이다

    =其A與(歟)

    =其A哉

21. 豈(不)A乎: 어찌 A이겠는가? / 어찌 A가 아니겠는가?

넷째 날

22. A何有?: A에 무슨 어려움이 있겠는가?(=A何難之有)

23. 寧A: 어찌 A하겠는가?

24. 使AB: A로 하여금 B하게 하다

    =令AB

    =敎AB

25. 遣AB: A를 보내어 B하게 하다

26. 見AB: A에게 B당하다

    =被AB

27. 爲A所B: A에게 B한 바 되다

28. 莫A: A하지 말라

    =無(毋)A

    =勿A

다섯째 날

29. A如B: A는 B와 같다

=A若B

=A猶B

30. A於B: B보다 A하다 / B에게 A당하다 / B를 A하다 / B에서 A하다

=A乎B

=A于B

31. A不如B: A는 B만 못하다

=A不若B

=A莫如B

=A莫若B

32. 莫A於B: B보다 A한 것은 없다

=無A於B

33. 與其A不如B: A하는 것은 B하는 것만 못하다

=與其A(也)不若B

34. 與其A寧B: A하느니 차라리 B하는 것이 낫다

35. 與其A無寧B乎?: A하느니 차라리 B하는 것이 낫지 않겠는가?

여섯째 날

36. 若(如)A(則)B: 만일 A하면 즉 B한다

=苟A(則)B

=使A(則)B

38. A則B: A하면 B하게 된다

39. 雖A, 而(然): 비록 A하더라도(이나)

40. 微A, B矣: A가 아니었다면 B했을 것이다

41. 惟A(耳, 已耳): 오직(다만) A일 뿐이다

=但A(耳, 已耳)

=顧A(耳)

=直A(耳)

42. 非惟A: 단지 A일 뿐만이 아니라

=非特A

=非但A

=非獨A

=非徒A

마지막 날

43. 況A乎: 하물며 A함에 있어서랴

44. A猶B況C乎: A도 오히려 B한데, 하물며 C에 있어서랴

45. 盍A: 어찌 A하지 않는가?

46. A哉(B): A하구나 (B여)

   =A乎!

   =A矣夫!

47. 嗚呼A哉!: 아(오호라)! A하구나!

48. 足以A: A할 수 있다

49. 不足以A: A할 수 없다

3. 내 힘으로 원문 해석

(1) 노년의 배움, 어둠을 밝히는 촛불[炳燭之明]

晉平公問於師曠曰: "吾年七十, 欲學, 恐已暮矣."

師曠曰: "何不炳燭乎?"

平公曰: "安有人臣而戲其君乎?"

師曠曰: "盲臣安敢戲其君乎. 臣聞之, 少而好學, 如日出之陽. 壯而好學, 如日中之光. 老而好學, 如炳燭之明. 炳燭之明, 孰與昧行乎?"

平公曰: "善哉!"

『說苑』「君道」

◆ 해석힌트

*晉平公(진평공): 춘추시대 진(晉)나라의 임금. 이름은 표(彪). 평공은 시호 *師曠(사광): 춘추시대 진(晉)나라의 악사(樂師)로 귀가 밝기로 유명했는데, 특히 음악 소리를 듣고 길흉(吉凶)을 잘 점쳤다고 한다 *欲(욕): ~하고자 하다 *恐(공): 두려워하다 *已(이): 이미 *暮(모): 저물다 *炳(병): 빛나다, 밝다, 잡다 *戲(희): 놀리다, 놀다 *敢(감): 감히 *盲(맹): 눈멀다 *陽(양): 볕, 밝다 *壯(장): 씩씩하다, 장년 *光(광): 빛 *昧(매): 어둡다 *安~乎: 어찌 ~하리오? *何不~乎: 어찌 ~하지 않는가? *孰與: ~하는 것과 (비교하여) 어떤 것이 나은가?

(2) 백유가 회초리를 맞고 울다[伯兪泣杖]

伯兪有過, 其母笞之, 泣. 其母曰: "他日笞子未嘗泣, 今泣何也?" 對曰: "兪得罪笞常痛, 今母之力不能使痛, 是以泣." 故曰, 父母怒之, 不作於意, 不見於色, 深受其罪, 使可哀憐, 上也. 父母怒之, 不作於意, 不見於色, 其次也. 父母怒之, 作於意, 見於色, 下也.

『說苑』「建本」

◆ 해석힌트

＊伯兪(백유): 한(漢)나라 때의 효자인 한유(韓兪)의 자(字)이다 ＊過(과): 잘못 ＊笞(태): 볼기를 치다, 때리다 ＊未嘗(미상): 일찍이 ~한 적이 없다 ＊泣(읍): 울다 ＊對(대): 대답하다 ＊深(심): 깊다 ＊受(수): 받다 ＊色(색): 빛(낯빛, 안색) ＊罪(죄): 죄 ＊使(사): (~로 하여금) ~하게 하다 ＊於: ~를, ~을(어조사) ＊見(현): 드러나다, 나타나다

(3) 가혹한 정치는 호랑이보다 사납다[苛政猛於虎]

孔子過泰山側, 有婦人哭於墓者而哀. 夫子式而聽之, 使子路問之曰:"子之哭也, 壹似重有憂者."而曰:"然. 昔者, 吾舅死於虎, 吾夫又死焉, 今吾子又死焉."夫子曰:"何爲不去也."曰:"無苛政."夫子曰:"小子識之, 苛政猛於虎也."

『禮記』「檀弓 下」

◆ 해석힌트

*過(과): 지나가다 *側(측): 곁 *墓(묘): 묘지 *哭(곡): 곡하다, 소리 내어 울다 *夫子(부자): 스승을 이르는 말, 여기서는 공자를 지칭한다 *式(식): 수레 손잡이(=軾), (몸을 굽혀) 절하다 *使(사): (~로 하여금) ~하게 하다 *子路(자로): 공자의 제자이자, 공문십철 가운데 한 사람. 성은 중(仲), 이름은 유(由), 자(字)는 자로(子路)이며, 계로(季路)라고도 불린다 *壹(일): 하나, 한결같이 *憂(우): 근심하다 *昔(석): 옛날 *舅(구): 시아버지 *何爲(하위): 어째서 *苛(가): 가혹하다 *猛(맹): 사납다 *識(지/식): 기억하다 지, 알다 식 *於(어): ~보다, ~에게

(4) 사람 셋이면, 없던 호랑이도 만들어낸다[三人成虎]

龐蔥與太子質於邯鄲, 謂魏王曰: "今一人言市有虎, 王信之乎?" 王曰: "否." "二人言市有虎, 王信之乎?" 王曰: "寡人疑之矣." "三人言市有虎, 王信之乎?" 王曰: "寡人信之矣." 龐蔥曰: "夫市之無虎明矣, 然而三人言而成虎. 今邯鄲去大梁也遠於市, 而議臣者過於三人矣. 願王察之矣." 王曰: "寡人自爲知." 於是辭行, 而讒言先至. 後太子罷質, 果不得見.

『戰國策』「魏策」

◆ 해석힌트

*邯鄲(한단): 조(趙)나라의 수도 *於(어): ~에서(장소), ~에(시간) *乎(호): 의문 종결사, ~인가? *市(시): 저자 *去(거): ~와의 거리, 가다, 떠나다 *願(원): 원하다 *質(질): 인질 *의(疑): 의심하다 *辭(사): 작별하다 *讒言(참언): 헐뜯는 말 *罷(파): 파하다, 그만두다 *果(과): 과연 *不得(부득): ~할 수 없다

(5) 마음을 알아주는 벗[知音]

伯牙鼓琴, 鍾子期聽之. 方鼓琴而志在太山. 鍾子期曰: "善哉乎! 鼓琴. 巍巍乎! 若太山." 少選之間而志在流水. 鍾子期又曰: "善哉乎! 鼓琴. 湯湯乎! 若流水." 鍾子期死, 伯牙破琴絶弦, 終身不復鼓琴. 以爲世無足復爲鼓琴者.

『呂氏春秋』「本味」

◆ 해석힌트

*鼓(고): 연주하다, (북을) 두드리다, 북 *琴(금): 거문고 *知音(지음): 자기를 알아주는 친한 벗을 뜻한다. 춘추시대에 백아(伯牙)가 거문고를 타면서 고산(高山)에 뜻을 두자 종자기(鍾子期)가 "높디높기가 마치 태산과 같도다![峨峨兮若泰山]" 하였고, 또 유수(流水)에 뜻을 두자 "넓고 넓기가 마치 강하와 같도다![洋洋兮若江河]" 하였다. 지음(知音)의 벗인 종자기가 죽자 백아는 거문고 소리를 들을 사람이 없다 하여 거문고의 현(絃)을 모두 끊고 다시는 연주하지 않았다는 위의 고사에서 유래한다 *巍巍(외외): 산이 높은 모양 *~哉乎(재호), 乎(호): 감탄종결사 *若(약): ~와 같다 *少選(소선): 잠시, 잠깐 *湯湯(상상): 물이 넘실거리는 모양 *破(파): 깨뜨리다 *以爲(이위): ~라 여기다

(6) 창과 방패[矛盾]

或問儒者曰: "方此時也, 堯安在?" 其人曰: "堯爲天子." "然則仲尼
之聖堯奈何? 聖人明察在上位, 將使天下無姦也. 今耕漁不爭, 陶器
不窳, 舜又何德而化? 舜之救敗也, 則是堯有失也. 賢舜則去堯之明
察, 聖堯則去舜之德化, 不可兩得也. 楚人有鬻盾與矛者, 譽之曰: '吾
盾之堅, 物莫能陷也.' 又譽其矛曰: '吾矛之利, 於物無不陷也.' 或曰:
'以子之矛, 陷子之盾, 何如?' 其人弗能應也. 夫不可陷之盾與無不陷
之矛, 不可同世而立. 今堯·舜之不可兩譽, 矛盾之說也."

『韓非子』「難一」

◆ 해석힌트

*仲尼(중니): 공자의 자(字) *奈何(내하): 어째서인가 *察(찰): 살피다 *姦(간):
간사하다 *耕(경): 밭 갈다 *陶(도): 질그릇 *器(기): 그릇 *窳(유): 비뚤어지
다 *救(구): 구제하다, 구하다 *敗(패): 패하다, 실패하다 *鬻(륙/육): 팔다 *盾
(순): 방패 *與(여): ~와 *以(이): ~로써 *矛(모): 방패 *堅(견): 굳세다 *使
(사): ~로 하여금 *莫(막): 없다 *陷(함): 뚫다, 빠지다 *何如(하여): 어떠한가
*於(어): ~에 있어서, ~에 대해서 *弗(불): 아니다(=不) *應(응): 답하다 *無
不(무불): ~하지 않음이 없다 *譽(예): 기리다, 칭찬하다 *不可(불가): ~할 수
없다, ~해서는 안 된다

(7) 땔나무에 누워 자고 쓸개를 맛보다[臥薪嘗膽]

　　吳王闔閭擧伍員謀國事, 員字子胥, 楚人伍奢之子. 奢誅而奔吳, 吳伐越, 闔閭傷而死. 子夫差立, 子胥復事之. 夫差志復讎, 朝夕臥薪中, 出入, 使人呼曰: "夫差! 而忘越人之殺而父耶?" 周敬王二十六年, 夫差敗越于夫椒. 越王句踐, 以餘兵棲會稽山, 請爲臣妻爲妾. 子胥言不可, 太宰伯嚭受越賂, 說夫差赦越. 句踐反國, 懸膽於坐, 臥卽仰膽嘗之曰: "汝忘會稽之恥耶?"

『十八史略』

◆ 해석힌트

*伍員(오운): 오자서(伍子胥, BC 559~BC 484). 중국 춘추전국시대 오(吳)나라의 재상. 운(員)은 그의 이름이다. 초(楚)나라 사람으로 아버지 오사(伍奢)와 형이 초 평왕(楚平王)에게 처형당했다. 오나라 부차(夫差)를 도와 월(越)나라를 이기는 데 큰 공을 세웠으나, 후에 부차에게 처형당했다 *闔閭(합려): 춘추시대 오나라 제24대 왕. 재위 BC 515~BC 496. 이름은 광(光) *夫差(부차): 합려의 아들. 재위 BC 495~BC 473. 아버지가 월왕 구천(句踐)에게 패해 죽자, BC 494년에 월나라를 공격하여 승리했다 *誅(주): 벌주다, 베다 *奔(분): 달아나다 *伐(벌): 치다 *傷(상): 해를 입다 *讎(수): 원수 *事(사): 섬기다 *薪(신): 땔나무 *使: ~로 하여금 *耶(야): 의문 종결사 *周敬王(주경왕): 주(周)는 춘추시대 천자(天子)의 나라. 주 경왕 26년은 BC 494년 *夫椒(부초): 산 이름 *句踐(구천): 월나라의 왕. 재위 BC 496~BC 465. 아버지 윤상(允常)이 합려에게 패한 후, 오나라와 싸워 승리했으나 2년 뒤 부초(夫椒)에서 부차에게 패했다 *棲(서): 살다, 쉬다, 깃들다 *懸(현): 매달다 *膽(담): 쓸개 *仰(앙): 올려다보다 *嘗(상): 맛보

다 *伯嚭(백비): 오나라의 간신이다. 월왕 구천이 오왕 부차에게 패하자 오자서
가 월나라를 멸망시킬 것을 주장했다. 그러나 월나라의 뇌물을 받은 태재(太宰)
백비가 화의(和議)를 주장하여 구천을 놓아 주었고, 오자서는 백비의 모함을 받
고 죽었다 *賂(뢰): 뇌물 *恥(치): 치욕, 부끄럽다

II.

한문의 이해와 감상

1. 역사와 인물

(1) 홍문연(鴻門宴)에 모인 호걸들

司馬遷

기원전 206년 유방(劉邦)이 진(秦)나라 수도 함양(咸陽)을 차지한 후에 함곡관(函谷關)을 지키고 있었다. 이에 항우(項羽)가 40만 대군을 이끌고 쳐들어와 홍문(鴻門)에 주둔하였다. 항우의 숙부 항백(項伯)의 조율을 통해 유방이 홍문에 직접 와서 항우를 만나보게 되었고, 항우는 유방에게 술자리를 베풀었다. 이 홍문연에서 범증(范增)은 항우의 종제(從弟) 항장(項莊)에게 검무(劍舞)를 추게 하여, 유방을 찔러 죽이려 하였다. 그러나 장량(張良)의 벗이기도 했던 항백이 유방을 보호해 주었고, 결국 번쾌(樊噲)의 활약으로 유방은 화를 피할 수 있었다.

於是張良至軍門, 見樊噲. 樊噲曰: "今日之事何如?" 良曰: "甚急. 今者項莊拔劍舞, 其意常在沛公也." 噲曰: "此迫矣, 臣請入, 與之同命." 噲卽帶劍擁盾入軍門. 交戟之衛士欲止不內, 樊噲側其盾以撞, 衛士仆地, 噲遂入, 披帷西嚮立, 瞋目視項王, 頭髮上指, 目眥盡裂. 項王按劍而跽曰: "客何爲者?" 張良曰 : "沛公之參乘樊噲者也." 項王曰: "壯士. 賜之卮酒." 則與斗卮酒. 噲拜謝, 起, 立而飮之. 項王曰: "賜之彘肩." 則與一生彘肩. <u>樊噲</u>覆其盾於地, 加彘肩上, 拔劍切而啗之. <u>項王</u>曰: "壯士, 能復飲乎?" <u>樊噲</u>曰: "臣死且不避, 巵酒安足辭! 夫秦王有虎狼之心, 殺人如不能舉, 刑人如恐不勝, 天下皆叛之. <u>懷王</u>與諸將約曰: '先破<u>秦</u>入<u>咸陽</u>者王之.' 今<u>沛公</u>先破<u>秦</u>入<u>咸陽</u>, 豪毛不敢有所近, 封閉宮室, 還軍<u>霸上</u>, 以待大王來. 故遣將守關者, 備他盜出入與非常也. 勞苦而功高如此, 未有封侯之賞, 而聽細說, 欲誅有功之人. 此亡<u>秦</u>之續耳, 竊爲大王不取也." <u>項王</u>未有以應, 曰: "坐!" <u>樊噲</u>從<u>良</u>坐. 坐須臾, <u>沛公</u>起如廁, 因招<u>樊噲</u>出.

『史記』「項羽本紀」

---

*沛公(패공): 한(漢)나라의 유방(劉邦). 처음에 강소성(江蘇省) 패현(沛縣)에서 군대를 일으켜서 패공이라 불렀다 *項王(항왕): 초(楚)나라의 항우(項羽). 이름은 적(籍)이고, 우(羽)는 그의 자(字)이다 *鴻門(홍문): 중국 섬서성(陝西省) 임동현(臨潼縣) 동쪽에 있던 지명 *內(납): 들이다(＝納) *瞋(진): 부릅뜨다 *眥(자): 눈초리 *巵(치): 술잔 *彘肩(체견): 돼지의 넓적다리 *啗(담): 먹다 *細說(세설): 소인배들이 하는 참소(讒訴) *如廁(여측): 변소에 가다

(2) 나는 이미 흉노의 옷을 입었소이다

班固

　昭帝立, 大將軍霍光·左將軍上官桀輔政, 素與陵善, 遣陵故人隴西任立政等三人俱至匈奴招陵. 立政等至, 單于置酒賜漢使者. 李陵·衛律皆侍坐. 立政等見陵, 未得私語, 卽目視陵, 而數數自循其刀環, 握其足, 陰諭之, 言可還歸漢也. 後陵·律持牛酒勞漢使, 博飮, 兩人皆胡服椎結. 立政大言曰:"漢已大赦, 中國安樂, 主上富於春秋, 霍子孟·上官少叔用事." 以此言微動之. 陵墨不應, 孰視而自循其髮, 答曰:"吾已胡服矣!" 有頃, 律起更衣, 立政曰:"咄, 少卿良苦! 霍子孟·上官少叔謝女." 陵曰:"霍與上官無恙乎?" 立政曰:"請少卿來歸故鄕, 毋憂富貴." 陵字立政曰:"少公! 歸易耳, 恐再辱, 奈何!" 語未卒, 衛律還, 頗聞餘語, 曰:"李少卿賢者, 不獨居一國. 范蠡遍遊天下, 由余去戎入秦, 今何語之親也!" 因罷去. 立政隨謂陵曰:"亦有意乎?" 陵曰:"丈夫不能再辱." 陵在匈奴二十餘年, 元平元年病死.

『漢書』「李陵傳」

---

*李陵(이릉): ?~BC 74. 한(漢) 무제(武帝)와 선제(宣帝) 시대에 활동한 장군. 말타기와 활쏘기에 뛰어나 청년 시절에 흉노와의 전투에서 큰 공을 세웠으나 거대한 사막에서의 전투에서 흉노에 항복했다. 청년 시절이나 투항 후의 삶에서 다 애국적인 충정을 지녔다. 사마천(司馬遷)은 이릉의 투항을 불가피한 선택이라 옹호했다가 궁형(宮刑)에 처하였다 *霍光(곽광): BC 130?~BC 68. 하동(河東) 평양(平陽)사람이며, 자는 자맹(子孟)이다. 소제(昭帝) 때 대장군으로서 20여 년 동안 권력을 장악했다 *上官桀(상관걸): ?~BC 80. 농서(隴西) 상규(上邽) 사

람이며, 자는 소숙(少叔)이다. 소제의 외척으로서 거기장군(車騎將軍)을 지내고, 상락후(桑樂侯)에 봉해졌다 *循(순): 매만지다 *刀環(도환): 칼고리. '돌아온다'는 뜻의 환(還)을 의미하는 상징으로 쓰인다 *用事(용사): 정치를 담당하다 *有頃(유경): 조금 있다가 *更衣(경의): 변소에 가다 *咄(돌): 아! 탄식하는 소리 *少卿(소경): 이릉(李陵)의 자(字) *謝(사): 안부를 묻다 *女(여): 그대(=汝) *少公(소공): 임입정(任立政)의 자 *范蠡(범려): 춘추시대 월(越)나라의 재상으로 구천(句踐)을 도와 오(吳)나라를 멸망시키고 월왕(越王)을 패자(霸者)로 만들었다. 그 뒤에 치이자피(鴟夷子皮)로 변성명(變姓名)하고 숨어서 배를 타고 오호(五湖)에 노닐었다 *由余(유여): 본래 진(晉)나라 사람이었는데 흉노로 망명했다. 흉노의 명을 받고 사신으로 진(秦)나라에 가서 진목공(秦穆公)을 알현했다. 목공이 흉노왕에게 여자와 음악을 선물로 주었는데 흉노왕이 그것을 받고 즐겼다. 유여가 수 차례 간언했으나 듣지 않자 유여는 마침내 진(秦)나라로 달아났다. 진(秦)나라가 유여의 책략을 써서 흉노를 정벌하여 마침내 서융(西戎)의 패자(霸者)가 되었다

(3) 신의 있는 온달(溫達)

金富軾

溫達, 高句麗平岡王時人也. 容貌龍鐘可笑, 中心則睟然. 家甚貧, 常乞食以養母. 破衫弊履, 往來於市井間, 時人目之爲愚溫達.

平岡王少女兒好啼, 王戲曰:"汝常啼聒我耳, 長必不得爲士大夫妻, 當歸之愚溫達." 王每言之. 及女年二八, 欲下嫁於上部高氏, 公主對曰:"大王常語:'汝必爲溫達之婦', 今何故改前言乎? 匹夫猶不欲食言, 況至尊乎? 故曰:'王者無戲言.' 今大王之命, 謬矣. 妾不敢祗承." 王怒曰:"汝不從我敎, 則固不得爲吾女也, 安用同居? 宜從汝所適矣!"

於是公主以寶釧數十枚繫肘後, 出宮獨行. 路遇一人, 問溫達之家, 乃行至其家, 見盲老母, 近前拜, 問其子所在. 老母對曰:"吾子貧且陋, 非貴人之所可近. 今聞子之臭, 芬馥異常, 接子之手, 柔滑如綿, 必天下之貴人也. 因誰之侜, 以至於此乎? 惟我息不忍饑, 取楡皮於山林, 久而未還."

公主出行, 至山下, 見溫達負楡皮而來. 公主與之言懷, 溫達悖然曰:"此非幼女子所宜行, 必非人也, 狐鬼也. 勿迫我也!" 遂行不顧. 公主獨歸, 宿柴門下. 明朝更入, 與母子備言之. 溫達依違未決, 其母曰:"吾息至陋, 不足爲貴人匹, 吾家至窶, 固不宜貴人居." 公主對曰:"古人言'一斗粟猶可舂, 一尺布猶可縫', 則苟爲同心, 何必富貴然後, 可共乎?" 乃賣金釧, 買得田宅·奴婢·牛馬·器物, 資用完具.

初買馬, 公主語溫達曰:"愼勿買市人馬, 須擇國馬病瘦而見放者, 而後換之." 溫達如其言. 公主養飼甚勤, 馬日肥且壯. 高句麗常以春三月三日, 會獵樂浪之丘, 以所獲猪鹿, 祭天及山川神. 至其日, 王出獵, 群臣及五部兵士皆從. 於是溫達以所養之馬隨行, 其馳騁常在前, 所獲亦多, 他無若者. 王召來, 問姓名, 驚且異之.

時後周武帝, 出師伐遼東, 王領軍逆戰於拜山之野. 溫達爲先鋒, 疾鬪斬數十餘級, 諸軍乘勝奮擊大克. 及論功, 無不以溫達爲第一. 王嘉歎之曰: "是吾女婿也." 備禮迎之, 賜爵爲大兄. 由此寵榮尤渥, 威權日盛.

及陽岡王卽位, 溫達奏曰: "惟新羅割我漢北之地爲郡縣, 百姓痛恨, 未嘗忘父母之國. 願大王不以愚不肖, 授之以兵, 一往必還吾地." 王許焉. 臨行誓曰: "鷄立峴·竹嶺以西, 不歸於我, 則不返也." 遂行, 與羅軍戰於阿且城之下, 爲流矢所中, 踣而死. 欲葬, 柩不肯動, 公主來撫棺曰: "死生決矣, 於乎歸矣!" 遂擧而窆. 大王聞之悲慟.

『三國史記』「溫達傳」

---

*金富軾(김부식): 1075~1151. 자는 입지(立之), 호는 뇌천(雷川), 시호(諡號)는 문열(文烈), 본관은 경주(慶州)이다. 고려(高麗) 인종(仁宗) 때의 문신이자 학자이다. 이자겸과 묘청의 난을 물리치고 승승장구하여, 수충정난정국공신(輸忠定難靖國功臣)에 책봉되고, 검교태보수태위문하시중판이부사(檢校太保守太尉門下侍中判吏部事)에 올랐다. 1145년 즈음에 인종의 명을 받아『삼국사기(三國史記)』편찬의 책임을 맡았는데, 이 책을 유교적 이상 국가를 실현하는 데 본보기로 삼으려 했다 *龍鐘(용종): 구부정하여 못생긴 모양 *睟然(수연): 환하고 맑은 모양 *破衫弊履(파삼폐리): 떨어진 적삼과 해어진 신 *目之(목지): 그를 지목하다. 여기서 목(目)은 동사이다 *啼(제): 울다 *戲(희): 놀리다 *聒(괄): 떠들썩하게 하다, 시끄럽게 하다 *歸(귀): 시집보내다(＝嫁). 예전에 여자가 시집가는 것을 '우귀(于歸)'라고 하였다 *食言(식언): 한번 입 밖으로 냈던 말을 다시 입속에 넣는다는 뜻으로, 앞서 한 말을 번복하거나 약속을 지키지 않고 거짓말

을 하는 경우를 가리키는 말 *祗(지): 공경하다(＝敬) *安(안): 어찌 *用(용): ＝
以 *寶釧(보천): 진귀한 팔찌 *聞(문): (냄새를) 맡다 *芬馥(분복): 꽃다운 향기
*柔(유): 부드럽다 *滑(활): 미끄럽다 *綿(면): 솜 *侜(주): 속이다 *悖然(발
연): 발끈 성을 내는 모양(=勃然) *迫(박): 핍박하다 *依違(의위): 마음이 확정
되지 않은 모양. 즉 가부(可否)를 결정하지 못하고 우물쭈물하는 모양 *匹(필):
짝, 배필 *寠(구): 가난하다 *資用(자용): 생활에 필요한 물건 *病瘦(병수): 병
들고 마르다 *見放(견방): 내쫓기다 *馳騁(치빙): 말을 달리다 *逆戰(역전): 맞
이하여 싸우다. 여기서 역(逆)은 영(迎)과 같은 뜻 *大兄(대형): 고구려의 관직
명 *寵榮(총영): 임금의 총애를 입어서 영화롭게 되는 것 *渥(악): 두텁다 *陽
岡王(양강왕): 역사적인 정황상 영양왕(嬰陽王)이 되어야 한다고 보는 견해가 있
다 *阿且城(아차성): 지금의 서울시 광진구 광장동에 있음 *爲流矢所中(위유
시소중): 유시(流矢)는 방향 없이 날아오는 화살을 뜻함. 爲A所B 형식(A에 의해 B
를 당하다). 따라서 이 구절은 '쏟아지는 화살에 적중되다'라는 뜻 *踣而死(복이
사): 통행본에 '노이사(路而死)'로 되어 있는데 고려조간잔권(高麗朝刊殘卷)『삼
국사기』에 의거해 바로잡았다 *葬(장): 장사지내다 *柩(구): 널. 시체를 넣는 관
(棺) *於乎(오호): 탄식을 나타내는 소리 *窆(폄): 하관하다 *悲(비): 슬퍼하다
*慟(통): 서럽게 울다

(4) 베트남에 다녀온 조완벽(趙完璧) 이야기

李睟光

趙生完璧者, 晉州士人也. 弱冠, 値丁酉倭變, 被擄入日本京都, 卽倭皇所居. 爲倭服役甚苦, 思戀鄉土, 常有逃還之志. 倭奴輕生重利, 以商販爲農, 以舟楫爲鞍馬, 海外南番諸國, 無遠不到, 以生曉解文字, 挈而登舟, 自甲辰連歲三往安南國. 安南去日本海路三萬七千里, 由薩摩州開洋, 歷中朝漳州·廣東等界, 抵安南興元縣, 縣距其國東京八十里, 乃其國都也. 國內中分爲二, 一安南國, 一交趾國, 互相爭戰, 未決勝負.

有文理侯鄭勦者, 以宦官用事, 年八十, 居處甚侈, 地多茅蓋, 而唯文理侯家用瓦, 瓦縫用油灰, 以孔雀羽織絹爲帳. 一日文理侯招生, 生至則有高官數十人列坐飲宴, 聞生爲朝鮮人, 皆厚待之, 且饋酒食, 問其被擄之由, 曰:"倭奴之侵暴貴國, 俺等亦聞之." 頗有憫惻之色, 仍出一卷書示之曰:"此乃貴國李芝峯詩也.【芝峯卽睟光號, 詩卽睟光丁酉奉使中朝時, 贈其國使臣者也.】你是高麗人, 能識李芝峯乎?" 生以鄉生, 年少被擄, 又不斥名, 而稱芝峯, 故不省芝峯爲誰某, 衆歎訝久之, 生閱過其書, 則多記古今名作無慮累百篇, 而首題曰朝鮮國使臣李芝峯詩, 皆以朱墨批點, 且指其中'山出異形饒象骨'一聯曰:"此地有象山, 所以尤妙." 相與稱賞不已. 旣數日, 儒生等又請致于其家, 盛酒饌以餉之, 因言:'貴國乃禮義之邦, 與鄙國同體.'慰諭備至. 談間出示一書曰:"此貴國宰相李芝峯之作, 我諸生人人抄錄而誦之, 你可觀之." 生自以朝夕人, 無意省錄, 且請紙筆, 只傳寫數篇而還舟. 厥後見學校中諸生, 果多挾是書者.

『芝峯集』「趙完璧傳」

*이수광(李睟光): 1563~1628. 자는 윤경(潤卿), 호는 지봉(芝峯), 본관은 전주(全州)이다. 사신으로 세 차례 명나라에 가서 안남(安南), 유구(琉球), 섬라(暹羅)의 사신과 만나 「조천록(朝天錄)」, 「안남국사신창화문답록(安南國使臣唱和問答錄)」, 「유구사신증답록(琉球使臣贈答錄)」 등을 지었으며, 천주교 지식과 서양 문물을 소개하여 실학 발전의 선구자로 평가 받는다.『지봉집(芝峯集)』외에도『지봉유설(芝峯類說)』이 유명하다 *薩摩州(살마주): 일본 규슈[九州]의 최남단 가고시마[鹿兒島]의 옛 이름 *茅蓋(모개): 띠풀로 지붕을 덮다 *瓦(와): 기와 *縫(봉): 봉합하다 *織綃(직초): 비단을 짜다 *饋(궤): 대접하다 *被擄(피로): 포로로 사로잡히다 *侵暴(침포): 침략하여 포학하게 굴다 *俺(엄): 나 *你(이): 너 *斥名(척명): 이름을 대다 *歎訝(탄아): 탄식하고 의아해하다 *閱過(열과): 보고 지나가다 *無慮累百篇(무려누백편): 무려 수백 편 *盛(성): 성대히 하다 *餉(향): 대접하다 *傳寫(전사): 전하여 베껴 쓰다 *挾(협): 끼다

(5) 경제를 쥐락펴락한 허생(許生)

許生居墨積洞, 直抵南山下, 井上有古杏樹, 柴扉向樹而開, 草屋數間, 不蔽風雨. 然許生好讀書, 妻爲人縫刺以糊口. 一日, 妻甚饑, 泣曰: "子平生不赴擧, 讀書何爲?" 許生笑曰: "吾讀書未熟." 妻曰: "不有工乎?" 生曰: "工未素學, 奈何?" 妻曰: "不有商乎?" 生曰: "商無本錢, 奈何?" 其妻恚且罵曰: "晝夜讀書, 只學奈何, 不工不商, 何不盜賊?" 許生掩卷起曰: "惜乎! 吾讀書本期十年, 今七年矣."

出門而去, 無相識者, 直之雲從街, 問市中人曰: "漢陽中誰最富?" 有道卞氏者, 遂訪其家, 許生長揖曰: "吾家貧, 欲有所小試, 願從君借萬金." 卞氏曰: "諾." 立與萬金, 客竟不謝而去. 子弟賓客, 視許生丐者也, 絲絛穗拔, 革履跟顚, 笠挫袍煤, 鼻流淸涕. 客旣去, 皆大驚曰: "大人知客乎?" 曰: "不知也." "今一朝, 浪空擲萬金於生平所不知何人, 而不問其姓名, 何也?" 卞氏曰: "此非爾所知. 凡有求於人者, 必廣張志意, 先耀信義, 然顔色媿屈, 言辭重複. 彼客衣屨雖弊, 辭簡而視傲, 容無怍色, 不待物而自足者也. 彼其所試術不小, 吾亦有所試於客. 不與則已, 旣與之萬金, 問姓名何爲?" 於是許生旣得萬金, 不復還家, 以爲安城, 畿·湖之交, 三南之綰口, 遂止居焉. 棗栗柹梨柑榴橘柚之屬, 皆以倍直居之, 許生榷菓, 而國中無以讌祀. 居頃之, 諸賈之獲倍直於許生者, 反輸十倍, 許生喟然嘆曰: "以萬金傾之, 知國淺深矣."

『燕巖集』 「許生傳」

---

*朴趾源(박지원): 1737~1805. 자는 미중(美仲)·중미(仲美), 호는 연암(燕巖),

본관은 반남(潘南)이다. 1780년 연행(燕行)을 다녀온 뒤『열하일기(熱河日記)』를 저술하여 이용후생(利用厚生)에 대한 평소 자신의 생각을 구체적으로 펼쳤다. 문집에『연암집(燕巖集)』이 있다 *墨積洞(묵적동): 한양의 남산 아래 있었던 마을 이름으로 묵동(墨洞) 혹은 묵사동(墨寺洞)으로도 일컬어졌다 *柴扉(시비): 사립문 *縫刺以糊口 (봉자이호구): 縫刺 (봉자)는 삯바느질하다, 糊口 (호구)는 입에 풀칠하다 *饑(기): 굶주리다 *赴擧(부거): 과거(科擧)를 치다 *掩卷(엄권): 책을 덮다 *雲從街(운종가): 한양의 종루서가(鐘樓西街)의 본래 이름으로 지금의 서울 종로 거리를 가리킨다 *道(도): 말하다 *卞(변): 성씨 중 변씨 *謝(사): 사례하다 *丐(개): 빌다, 구걸하다 *絲條穗拔(사조수발): 실띠의 술이 빠져 너덜너덜하다 *革屨跟顚(혁구근전): 갓신의 뒷굽이 자빠지다 *笠挫袍煤(좌립포매): 갓은 쭈그러지고 도포는 허름하다 *擲(척): 던지다, 버리다 *耀(료): 드러내 보이다 *媿屈(괴굴): 부끄러워하며 비굴하게 굴다 *衣屨(의구): 옷과 신 *辭簡而視傲(사간이시오): 말씨는 간단하면서도 시선은 오만한 기색이 있다 *怍(작): 부끄러워하다 *畿湖之交(기호지교): 경기도와 충청도가 만나는 곳 *三南之縮口 (삼남지관구): 충청도·전라도·경상도의 길목 *棗栗柹梨柑榴橘柚(조률시리감류귤유): 대추·밤·감·배·감자(柑子)·석류·귤·유자 *直(치): 값(=値) *榷(각): 전매하다, 몽땅 사들이다 *讌祀(연사): 잔치와 제사 *居頃之(거경지): 얼마 안 가서 *喟然(위연): 길게 한숨을 내쉬다

(6) 내가 여덟 살 때 시집갔던 누님

朴趾源

孺人諱某, 潘南朴氏. 其弟趾源仲美誌之曰: 孺人十六, 歸德水李宅模伯揆, 有一女二男, 辛卯九月一日歿, 得年四十三. 夫之先山曰鵶谷, 將葬于庚坐之兆. 伯揆旣喪其賢室, 貧無以爲生, 挈其羸弱婢指十, 鼎鎗箱簏, 浮江入峽, 與喪俱發. 仲美曉送之斗浦, 舟中慟哭而返.

嗟乎! 姊氏新嫁, 曉粧如昨日, 余時方八歲, 嬌臥馬驟, 效婿語, 口吃鄭重, 姊氏羞, 墮梳觸額. 余怒啼, 以墨和粉, 以唾漫鏡, 姊氏出玉鴨金蜂, 賂我止啼, 至今二十八年矣. 立馬江上, 遙見丹旐翩然, 檣影逶迤, 至岸轉樹, 隱不可復見, 而江上遙山, 黛綠如鬟, 江光如鏡, 曉月如眉, 泣念墮梳. 獨幼時事歷歷, 又多歡樂, 歲月長, 中間常苦離患, 憂貧困, 忽忽如夢中, 爲兄弟之日, 又何甚促也?

去者丁寧留後期, 猶令送者淚沾衣.

扁舟從此何時返, 送者徒然岸上歸.

『燕巖集』「伯姊贈貞夫人朴氏墓誌銘」

---

*孺人(유인): (1) 정·종9품 문무관의 처인 외명부의 위호 (2) 생전에 벼슬하지 못한 사람 아내의 신주(神主)나 명정(銘旌)에 쓰는 존칭. 여기서는 (2)의 뜻 *歸(귀): 시집가다(=嫁) *辛卯(신묘): 1771년 *鵶谷(아곡): 양평군에 있는 지명 *婢指十(비지십): 계집종 한 명. 지십(指十)은 손가락 열 개, 즉 한 사람을 뜻한다 *鼎鎗箱簏(정쟁상록): 정쟁(鼎鎗)은 솥, 상록(箱簏)은 상자나 궤짝, 즉 세간(집안 살림에 쓰는 온갖 물건)을 뜻한다 *斗浦(두포): 우리말로는 '두뭇개'라고 했

던 두모포(豆毛浦)의 준말이다. 지금의 한강 동호대교 북단인 서울 성동구 옥수동 옥정초등학교 부근에 있던 유명한 나루였다. 이곳에서 남한강을 거슬러 올라가면 양평군을 지날 수 있다 *和(화): 섞다 *逶迤(위이): 너울거리다 *忽忽(홀홀): 시간이 홀쩍 지나가 버리다

(7) 아낌없이 나눈 김만덕(金萬德)

蔡濟恭

　萬德者, 姓金, 耽羅良家女也. 幼失母, 無所歸依, 托妓女爲生. 稍長, 官府籍萬德名妓案. 萬德雖屈首, 妓於役, 其自待不以妓也. 年二十餘, 以其情泣訴於官, 官矜之, 除妓案, 復歸之良. 萬德雖家居乎庸奴, 耽羅丈夫不迎夫. 其才長於殖貨, 能時物之貴賤, 以廢以居, 至數十年, 頗以積著名.

　聖上十九年乙卯, 耽羅大饑, 民相枕死, 上命船粟往哺. 鯨海八百里, 風檣來往如梭, 猶有未及時者. 於是萬德捐千金, 貿米陸地, 諸郡縣棹夫以時至. 萬德取十之一, 以活親族, 其餘盡輸之官. 浮黃者聞之, 集官庭如雲, 官劑其緩急, 分與之有差. 男若女出而頌萬德之恩, 咸以爲活我者萬德.

　賑訖, 牧臣上其事于朝, 上大奇之, 回諭曰: "萬德如有願, 無問難與易, 特施之." 牧臣招萬德, 以上諭諭之曰: "若有何願?" 萬德對曰: "無所願, 願一入京都, 瞻望聖人在處, 仍入金剛山, 觀萬二千峯, 死無恨矣." 蓋耽羅女人之禁, 不得越海而陸, 國法也. 牧臣又以其願上, 上命如其願, 官給舖馬遞供饋.

『樊巖集』「萬德傳」

---

*蔡濟恭(채제공): 1720~1799. 자는 백규(伯規), 호는 번암(樊巖), 본관은 평강(平康)이다. 영조와 정조 시대 남인 당파를 이끌었던 정치가이자 문인이다. 채제공의 문집 『번암집(樊巖集)』은 정조의 왕명으로 간행되었다 *耽羅(탐라): 제주의 옛 이름 *泣訴(읍소): 울며 하소연하다 *矜(긍): 불쌍히 여기다 *殖貨(식화):

재화(財貨)를 불리다 *以廢以居(이폐이거): 폐(廢)는 물건값이 비쌀 때 물건을 내어다 팔다, 거(居)는 물건값이 쌀 때 사다가 창고에 쌓아두다 *上命船粟往哺 (상명선속왕포): 성상께서 배에 곡식을 싣고 가서 구휼하라 명하셨다 *棹夫(도 부): 뱃사람 *賑(진): 구휼하다 *訖(흘): 마치다, 끝나다 *上諭(상유): 임금의 말 씀 *越(월): 넘다, 건너다 *遞(체): 번갈아하다

2. 사유하는 삶

(1) 배우고 익히는 기쁨

子曰: "學而時習之, 不亦說乎? 有朋自遠方來, 不亦樂乎? 人不知而不慍, 不亦君子乎?"

子曰: "不患人之不己知, 患不知人也."

『論語』「學而」

子曰: "吾十有五而志于學, 三十而立, 四十而不惑, 五十而知天命, 六十而耳順, 七十而從心所欲, 不踰矩."

子曰: "學而不思則罔, 思而不學則殆."

「爲政」

---

*孔子(공자): 서기전 551년에 노(魯)나라에서 태어나 활동한 춘추시대의 사상가이다. 이름은 구(丘), 자(字)는 중니(仲尼)이다 *子(자): 남자에 대한 존칭으로 '선생님'이라는 의미이다 *慍(온): 성난 마음을 품다 *有(유): =又. '십유오(十有

五)'는 열다섯 살 *不踰矩(불유구): 법도를 넘지 않다. 구(矩)는 '곱자'라는 뜻에서 의미가 확장되어 '법도'라는 뜻으로 쓰인다 *罔(망): 얻는 것이 없다

子曰: "參乎, 吾道一以貫之." 曾子曰: "唯." 子出, 門人問曰: "何謂也?" 曾子曰: "夫子之道, 忠恕而已矣."

「里仁」

哀公問: "弟子孰爲好學?" 孔子對曰: "有顔回者好學, 不遷怒, 不貳過, 不幸短命死矣. 今也則亡, 未聞好學者也."

子曰: "賢哉, 回也. 一簞食, 一瓢飮, 在陋巷, 人不堪其憂. 回也, 不改其樂. 賢哉, 回也."

子曰: "質勝文則野, 文勝質則史. 文質彬彬, 然後君子."

子曰: "知之者, 不如好之者, 好之者, 不如樂之者."

子曰: "夫仁者, 己欲立而立人, 己欲達而達人."

「雍也」

---

*曾子(증자): BC 505~BC 436. 이름은 삼(參), 자(字)는 자여(子輿). 춘추시대 노(魯)나라 사람으로 공자의 제자. 효행으로 알려졌으며, 『대학(大學)』을 지은 것으로 전해진다 *唯(유): 머뭇거림 없이 신속하게 응답하다 *哀公(애공): ?~BC 467. 춘추시대 말엽 노나라의 제후로 이름은 장(蔣)이고 재위 기간은

27년이었다. 강성한 대부 삼환(三桓)에 의해 추방당하여 오랫동안 타국을 전전했다 *顔回(안회): BC 521~BC 481. 자(字)는 자연(子淵). 춘추시대 노(魯)나라 사람으로 공자의 수제자. 안빈낙도(安貧樂道)의 덕행으로 이름났다 *貳(이): 거듭하다 *一簞食一瓢飮(일단사일표음): 대나무 도시락의 밥과 표주박의 물. 단사표음(簞食瓢飮)은 청빈한 선비의 생활을 상징한다 *質勝文(질승문): 바탕이 형식을 넘어서다 *野(야): 촌스럽다. 형식의 정제 없이 바탕만 있음을 의미한다 *史(사): 부화(浮華)하다. 내용 없이 형식만 화려하게 차림을 의미한다 *彬彬(빈빈): 바탕과 형식이 조화를 이룬 모양

子曰:"三人行, 必有我師焉, 擇其善者而從之, 其不善者而改之."

「述而」

子曰:"譬如爲山, 未成一簣, 止, 吾止也. 譬如平地, 雖覆一簣, 進, 吾往也."

子曰:"歲寒然後, 知松柏之後彫也."

「子罕」

季路問事鬼神. 子曰:"未能事人, 焉能事鬼?"曰:"敢問死."曰:"未知生, 焉知死?"

子貢問:"師與商也, 孰賢?"子曰:"師也過, 商也不及."曰:"然則師愈與?"子曰:"過猶不及."

「先進」

98

子貢問政. 子曰:"足食, 足兵, 民信之矣." 子貢曰:"必不得已而去, 於斯三者, 何先?" 曰:"去兵." 子貢曰:"必不得已而去, 於斯二者, 何先?" 曰:"去食. 自古皆有死, 民無信不立."

齊景公問政於孔子. 孔子對曰:"君君臣臣父父子子." 公曰:"善哉. 信如君不君, 臣不臣, 父不父, 子不子, 雖有粟, 吾得而食諸."

「顔淵」

---

*子貢(자공): BC 520~BC 446. 성은 단목(端木), 이름은 사(賜)이다. 언변에 뛰어나 외교에 밝았다 *師(사): 성은 전손(顓孫), 자(字)는 자장(子張). 공자의 후기 제자로 열정적이고 진취적인 인물이었다 *商(상): 성은 복(卜), 자는 자하(子夏). 공자의 후기 제자로 독실하고 근후하지만 소극적인 인물이었다 *齊景公(제경공): 이름은 저구(杵臼). 영공(靈公)의 아들이고, 장공(莊公)의 이모제(異母弟)이다. 노나라 양공 25년(BC 517), 제나라 대부 최저(崔杼)가 장공을 시해하고 그를 공위에 세웠다

葉公語孔子曰:"吾黨有直躬者, 其父攘羊, 而子證之." 孔子曰:"吾黨之直者, 異於是. 父爲子隱, 子爲父隱, 直在其中矣."

子貢問曰:"鄕人皆好之, 何如?" 子曰:"未可也." "鄕人皆惡之, 何如?" 子曰:"未可也. 不如鄕人之善者好之, 其不善者惡之."

「子路」

子曰:"貧而無怨難, 富而無驕易."

子曰: "古之學者爲己, 今之學者爲人."

「憲問」

子曰: "志士仁人, 無求生以害仁, 有殺身以成仁."

「衛靈公」

---

*葉公(섭공): 초(楚)나라 섭현(葉縣)의 현윤(縣尹) 심제량(沈諸梁)으로, 자는 자고(子高)이다. 충직한 성격의 인물로 알려져 있다 *黨(당): 행정단위의 하나로, 500가(家)의 백성이 사는 규모의 고을

(2) 도도한 언변의 모범

인의(仁義)

孟子見梁惠王. 王曰: "曳不遠千里而來, 亦將有以利吾國乎?" 孟子
對曰: "王何必曰利? 亦有仁義而已矣. 王曰'何以利吾國', 大夫曰'何
以利吾家', 士庶人曰'何以利吾身', 上下交征利, 而國危矣. 萬乘之
國, 弑其君者, 必千乘之家, 千乘之國, 弑其君者, 必百乘之家. 萬取
千焉, 千取百焉, 不爲不多矣, 苟爲後義而先利, 不奪不饜. 未有仁而
遺其親者也, 未有義而後其君者也. 王亦曰仁義而已矣, 何必曰利?"

오십보백보(五十步百步)

梁惠王曰: "寡人之於國也, 盡心焉耳矣. 河內凶, 則移其民於河東,
移其粟於河內, 河東凶, 亦然. 察鄰國之政, 無如寡人之用心者, 鄰國
之民不加少, 寡人之民不加多, 何也?" 孟子對曰: "王好戰, 請以戰喩.
塡然鼓之, 兵刃旣接, 棄甲曳兵而走, 或百步而後止, 或五十步而後
止, 以五十步笑百步, 則何如?" "不可, 直不百步耳, 是亦走也." 曰: "王
如知此, 則無望民之多於鄰國也."

---

*孟子(맹자): 전국시대 추(鄒)나라 출신의 사상가이다. 이름은 가(軻), 자(字)는
자여(子輿)이다. 공자의 사상을 계승하여 인의예지(仁義禮智)를 중시하고, 왕도정
치(王道政治)를 주장했다 *梁惠王(양혜왕): 전국시대 위(魏)나라의 군주. 위나라
의 수도가 양(梁)에 있었기 때문에 흔히 양혜왕이라고 부른다 *曳(수): 나이 많은
사람에 대한 존칭이다 *塡然(전연): 북소리를 형용한 의성어 *曳(예): 끌다 *如
(여) ~ 則(즉): '만약 ~하면'이라는 뜻의 문형 *無(무): ~하지 말라(=毋)

무항산 무항심(無恒産無恒心)

王曰: "吾惛, 不能進於是矣. 願夫子, 輔吾志, 明以敎我. 我雖不敏, 請嘗試之." 曰: "無恒産而有恒心者, 惟士爲能. 若民則無恒産, 因無恒心. 苟無恒心, 放辟邪侈, 無不爲已, 及陷於罪然後, 從而刑之, 是罔民也. 焉有仁人在位, 罔民而可爲也? 是故明君制民之産, 必使仰足以事父母, 俯足以畜妻子, 樂歲終身飽, 凶年免於死亡, 然後驅而之善, 故民之從之也輕. 今也制民之産, 仰不足以事父母, 俯不足以畜妻子, 樂歲終身苦, 凶年不免於死亡, 此惟救死而恐不贍, 奚暇治禮義哉? 王欲行之, 則盍反其本矣? 五畝之宅, 樹之以桑, 五十者可以衣帛矣. 雞豚狗彘之畜, 無失其時, 七十者可以食肉矣. 百畝之田, 勿奪其時, 八口之家可以無飢矣. 謹庠序之敎, 申之以孝悌之義, 頒白者不負戴於道路矣. 老者衣帛食肉, 黎民不飢不寒, 然而不王者, 未之有也."

『孟子』「梁惠王 上」

＊恒産(항산): 떳떳이 살 수 있는 생업 ＊恒心(항심): 떳떳한 마음, 인간다운 마음, 사람이 떳떳이 가지고 있는 선심(善心) ＊放辟邪侈(방벽사치): 방탕한 짓, 편벽된 짓, 사특한 짓, 사치스러운 짓 ＊罔(망): 그물질하다. 죄의 구덩이로 몰아 그물을 쳐서 잡는 행위 ＊樂歲(낙세): '풍년'과 같은 뜻 ＊治(치): 닦다, 익히다

사단(四端)

孟子曰: "人皆有不忍人之心. 先王有不忍人之心, 斯有不忍人之政矣. 以不忍人之心, 行不忍人之政, 治天下可運於掌上. 所以謂人皆有不忍人之心者, 今人乍見孺子將入於井, 皆有怵惕惻隱之心, 非所以內交於孺子之父母也, 非所以要譽於鄕黨朋友也, 非惡其聲而然也. 由是觀之, 無惻隱之心, 非人也, 無羞惡之心, 非人也, 無辭讓之心, 非人也, 無是非之心, 非仁也. 惻隱之心, 仁之端也, 羞惡之心, 義之端也, 辭讓之心, 禮之端也, 是非之心, 智之端也. 人之有是四端也, 猶其有四體也. 有是四端而自謂不能者, 自賊者也, 謂其君不能者, 賊其君者也. 凡有四端於我者, 知皆擴而充之矣, 若火之始然, 泉之始達. 苟能充之, 足以保四海, 苟不充之, 不足以事父母."

「公孫丑 上」

---

*孺子(유자): 갓난아이 *怵惕惻隱(출척측은): 놀라 두려워하며 측은히 여기다
*內(납): 들이다(=納), 맺다(=結)

대장부(大丈夫)

景春曰: "公孫衍·張儀, 豈不誠大丈夫哉? 一怒而諸侯懼, 安居而天下熄." 孟子曰: "是焉得爲大丈夫乎? 子未學禮乎? 丈夫之冠也, 父命之, 女子之嫁也, 母命之, 往送之門, 戒之曰: '往之女家, 必敬必戒, 無違夫子.' 以順爲正者, 妾婦之道也. 居天下之廣居, 立天下之正位, 行天下之大道, 得志, 與民由之, 不得志, 獨行其道. 富貴不能淫, 貧賤不能移, 威武不能屈, 此之謂大丈夫."

「滕文公 下」

---

*公孫衍(공손연): 전국시대 위(魏)나라 출신의 유세가로 합종책(合從策)을 주장했다 *張儀(장의): 전국시대 위(魏)나라 출신의 유세가로 연횡책(連橫策)을 주장했다 *熄(식): 꺼지다, 진정되다 *夫子(부자): 남자에 대한 존칭이나 여기서

는 남편의 뜻으로 쓰였다 *廣居(광거): 넓은 집이란 말로 여기서는 인(仁)을 뜻한다 *正位(정위): 바른 자리란 말로 여기서는 예(禮)를 뜻한다 *大道(대도): 큰 이상이란 말로 여기서는 의(義)를 뜻한다 *淫(음): 마음을 방탕하게 하다

정치를 제대로 한다는 것

子産, 聽鄭國之政, 以其乘輿, 濟人於溱洧. 孟子曰:"惠而不知爲政. 歲十一月, 徒杠成, 十二月, 輿梁成, 民未病涉也. 君子平其政, 行辟人, 可也. 焉得人人而濟之? 故爲政者, 每人而悅之, 日亦不足矣."

「離婁 下」

---

*子産(자산): 춘추시대 정(鄭)나라 대부 공손교(公孫僑). 법질서를 엄정히 세웠으며, 자애로운 마음으로 백성들에게 많은 은혜를 끼친 인물 *溱洧(진유): 정(鄭)나라 수도를 가로지르는 두 강의 이름들 *病(병): 힘들어하다(＝苦)

학문의 길

孟子曰:"仁, 人心也, 義, 人路也. 舍其路而不由, 放其心而不知求, 哀哉! 人有鷄犬放, 則知求之, 有放心而不知求. 學問之道無他, 求其放心而已矣."

「告子 上」

하늘이 시련을 주는 이유

孟子曰:"舜發於畎畝之中, 傅說擧於版築之間, 膠鬲擧於魚鹽之中, 管夷吾擧於士, 孫叔敖擧於海, 百里奚擧於市. 故天將降大任於是人也, 必先苦其心志, 勞其筋骨, 餓其體膚, 空乏其身, 行拂亂其所爲, 所以動心忍性, 曾益其所不能. 人恒過, 然後能改, 困於心, 衡於慮, 而後作, 徵於色, 發於聲, 而後喩. 入則無法家拂士, 出則無敵國外患者, 國恒亡. 然後知生於憂患而死於安樂也."

「告子 下」

---

*傳說(부열): 은(殷)나라 고종(高宗)을 모신 재상. 공사판에서 일하다가 등용되었다고 한다 *膠鬲(교격): 주(周)나라 문왕 때의 현인으로 바다에서 소금과 고기를 팔다가 등용되었다고 한다 *孫叔敖(손숙오): 초(楚)나라의 고사(高士)로 바닷가에 살다가 장왕(莊王)에게 등용되었다. 그가 재상이 된 지 3개월 만에 교화가 크게 펼쳐져 아전들이 못된 짓을 하지 않고 도둑이 일어나지 않았다 *百里奚(백리해): 진(秦)나라 목공(穆公)을 도와 패업(霸業)을 이룬 인물이다. 처음 우(虞)나라의 대부(大夫)로 있었는데, 우나라가 진(晉)나라에게 망한 뒤 염소를 길렀다. 시장에서 염소 가죽을 팔다가 진나라 목공에게 초빙되어 패업을 이루었다

(3) 군자답게 사는 법

삼강령(三綱領)

大學之道, 在明明德, 在親民, 在止於至善. 知止而后有定, 定而后能靜, 靜而后能安, 安而后能慮, 慮而后能得. 物有本末, 事有終始, 知所先後, 則近道矣.

팔조목(八條目)

古之欲明明德於天下者, 先治其國, 欲治其國者, 先齊其家, 欲齊其家者, 先修其身, 欲修其身者, 先正其心, 欲正其心者, 先誠其意, 欲誠其意者, 先致其知, 致知在格物.

『大學』「經一章」

격물치지(格物致知)

蓋人心之靈, 莫不有知, 而天下之物, 莫不有理, 惟於理有未窮, 故其知有不盡也. 是以大學始敎, 必使學者卽凡天下之物, 莫不因其已知之理而益窮之, 以求至乎其極, 至於用力之久而一旦豁然貫通焉, 則衆物之表裏精粗, 無不到, 而吾心之全體大用, 無不明矣.

「傳五章」

---

*豁然(활연): 시원히 뚫린다는 뜻의 부사어

혈구지도(絜矩之道)

　所謂平天下在治其國者, 上老老而民興孝, 上長長而民興弟, 上恤孤而民不倍. 是以君子有絜矩之道也. 所惡於上, 毋以使下, 所惡於下, 毋以事上, 所惡於前, 毋以先後, 所惡於後, 毋以從前, 所惡於右, 毋以交於左, 所惡於左, 毋以交於右. 此之謂絜矩之道.

「傳十章」

---

*絜矩(혈구): 혈(絜)은 '재다'는 뜻이고, 구(矩)는 '자'이다. 내 마음의 자로 다른 이의 마음을 잰다는 뜻인데, 내가 바라는 것이 있으면 그 마음을 가지고 타인의 마음을 헤아리고, 내가 싫어하는 것이 있으면 그 마음을 가지고 타인의 마음을 헤아린다는 의미이다 *老老(노노): 앞의 글자는 서술어이고, 뒤의 글자는 명사이다. 어른을 어른으로 모신다는 의미이다

유가(儒家)의 도(道)

天命之謂性, 率性之謂道, 修道之謂敎. 道也者, 不可須臾離也, 可離, 非道也. 是故君子戒愼乎其所不睹, 恐懼乎其所不聞. 莫見乎隱, 莫顯乎微, 故君子愼其獨也. 喜怒哀樂之未發, 謂之中, 發而皆中節, 謂之和. 中也者, 天下之大本也, 和也者, 天下之達道也. 致中和, 天地位焉, 萬物育焉.

『中庸』「一章」

군자의 처신

君子素其位而行, 不願乎其外. 素富貴, 行乎富貴, 素貧賤, 行乎貧賤, 素夷狄, 行乎夷狄, 素患難, 行乎患難, 君子無入而不自得焉. 在上位, 不陵下, 在下位, 不援上, 正己而不求於人, 則無怨, 上不怨天, 下不尤人. 故君子居易以俟命, 小人行險以徼幸. 子曰:"射有似乎君子, 失諸正鵠, 反求諸其身."

「十四章」

백배의 노력

博學之, 審問之, 愼思之, 明辨之, 篤行之. 有弗學, 學之, 弗能, 弗措也. 有弗問, 問之, 弗知, 弗措也. 有弗思, 思之, 弗得, 弗措也. 有弗辨, 辨之, 弗明, 弗措也. 有弗行, 行之, 弗篤, 弗措也. 人一能之, 己百之, 人十能之, 己千之.

「二十章」

---

*率(솔): 따르다 *修(수): 닦다, 품절(品節)하다. '품절(品節)'은 등급을 살펴 절제(節制)함을 뜻한다 *獨(독): 자신만이 홀로 알고 있는 곳. 마음 *素其位而行 (소기위이행): 현재의 위치에 따라 행동하다

(4) 물처럼 나무처럼

현묘(玄妙)한 도(道)

道可道, 非常道, 名可名, 非常名. 無名, 天地始, 有名, 萬物母. 常無欲, 觀其妙, 常有欲, 觀其徼. 此兩者同出而異名, 同謂之玄, 玄之又玄, 衆妙之門.

『老子』「一章」

말 많음에 대한 경계

天地不仁, 以萬物爲芻狗. 聖人不仁, 以百姓爲芻狗. 天地之間, 其猶橐籥乎! 虛而不屈, 動而愈出. 多言數窮, 不如守中.

「五章」

상선약수(上善若水)

上善若水. 水善利萬物而不爭, 處衆人之所惡. 故幾於道. 居善地, 心善淵, 與善仁, 言善信, 正善治, 事善能, 動善時, 夫唯不爭, 故無尤.

「八章」

소박하고 질박한 삶

絶聖棄智, 民利百倍, 絶仁棄義, 民復孝慈, 絶巧棄利, 盜賊無有. 此三者, 以爲文不足, 故令有所屬, 見素抱樸, 少私寡欲.

「十九章」

---

*老子(노자): 성은 이(李), 이름은 이(耳), 자는 백양(伯陽)이다. 일반적으로 널리

알려진 담(聃)은 그의 시호(諡號)이다. 초(楚)나라 고현(苦縣) 여향(厲鄕) 곡인리 (曲仁里: 지금의 하남성(河南省) 녹읍현(鹿邑縣) 동쪽 일대) 출신으로, 공자(孔子) 보다 조금 일찍 태어나 주(周)나라 장실(藏室)의 사관(史官)을 지냈다 *徼(요): 변제(邊際), 경계 *芻狗(추구): 짚으로 만든 강아지. 고대에 제사에 쓰던 것인데, 사용하고 나면 버리기 때문에 흔히 대수롭지 않은 물건에 비유된다 *橐籥(탁 약): 용광로에 공기를 불어 넣어주는 풀무와 피리 *數(삭): 잦다

(5) 원대한 포부와 상상력의 세계

북명유어(北冥有魚)

北冥有魚, 其名爲鯤. 鯤之大, 不知其幾千里也. 而爲鳥, 其名爲鵬. 鵬之背, 不知其幾千里也. 怒而飛, 其翼若垂天之雲. 是鳥也, 海運則將徙於南冥. 南冥者, 天池也. 齊諧者, 志怪者也. 諧之言曰: "鵬之徙於南冥也, 水擊三千里, 搏扶搖而上者九萬里. 去以六月息者也."

『莊子』「逍遙遊」

지자불언(知者不言)

世之所貴道者書也, 書不過語, 語有貴也. 語之所貴者意也, 意有所隨. 意之所隨者, 不可以言傳也, 而世因貴言傳書. 世雖貴之, 我猶不足貴也, 爲其貴非其貴也. 故視而可見者, 形與色也, 聽而可聞者, 名與聲也. 悲夫! 世人以形色名聲爲足以得彼之情. 夫形色名聲果不足以得彼之情, 則知者不言, 言者不知, 而世豈識之哉!

「天道」

---

*莊子(장자): 전국시대 몽현(蒙縣) 출신으로, 이름은 주(周), 자는 자휴(子休)이다 *齊諧(제해): 인명(人名)이라고도 하고 서명(書名)이라고도 하는데, 황탄무계(荒誕無稽)한 이야기가 많이 실려 있다고 한다 *扶搖(부요): 회오리바람

포정해우(庖丁解牛)

庖丁爲文惠君解牛, 手之所觸, 肩之所倚, 足之所履, 膝之所踦, 砉然嚮然, 奏刀騞然, 莫不中音, 合於桑林之舞, 乃中經首之會.

文惠君曰:"譆! 善哉! 技蓋至此乎!"庖丁釋刀對曰:"臣之所好者道也. 進乎技矣. 始臣之解牛之時, 所見無非牛者也. 三年之後, 未嘗見全牛也. 方今之時, 臣以神遇, 而不以目視, 官知止而神欲行, 依乎天理, 批大郤, 導大窾, 因其固然, 技經肯綮之未嘗, 而況大軱乎? 良庖歲更刀, 割也, 族庖月更刀, 折也. 今臣之刀十九年矣, 所解數千牛矣, 而刀刃若新發於硎, 彼節者有閒, 而刀刃者無厚, 以無厚入有間, 恢恢乎其於遊刃, 必有餘地矣. 是以十九年而刀刃若新發於硎. 雖然, 每至於族, 吾見其難爲, 怵然爲戒, 視爲止, 行爲遲, 動刀甚微, 謋然已解, 如土委地. 提刀而立, 爲之四顧, 爲之躊躇滿志, 善刀而藏之."

文惠君曰:"善哉! 吾聞庖丁之言, 得養生焉."

「養生主」

---

*庖丁(포정): 소 잡는 사람, 백정(白丁) *踦(기): 기울여 세우다[傾側] *砉然嚮然(획연향연): '획획' 하며 소의 가죽과 뼈가 서로 떨어져 나가는 소리가 울림을 표현한 말 *奏刀騞然(주도획연): 칼을 놀려 '획획' 소리가 남을 표현한 말 *桑林之舞(상림지무): 은(殷)나라 탕왕(湯王)의 음악인 상림(桑林)의 무악(舞樂) *經首之會(경수지회): 경수(經首: 함지악(咸池樂)의 악장(樂章) 이름)의 박자[會] *譆(희): 감탄사 *技蓋至此乎(기합지차호): 기술이 어떻게 이런 경지에 이를 수 있는가! *郤(극): 틈(=隙) *導大窾(도대관): 큰 틈새에서 칼을 놀리다 *技經肯綮之未嘗(기경긍경지미상): 기술이 긍경(肯綮)에 걸린 적이 없다. 긍(肯)은 뼈에 살이 붙어 있는 부분, 경(綮)은 살과 힘줄 따위가 엉켜 있는 부분 *大軱(대고):

커다란 휘어진 뼈. 고(軱)는 휘어진 큰 뼈로 여기에 부딪히면 칼날이 파손된다 *族庖(족포): 보통의 백정. 여기서 족(族)은 중(衆)과 같다 *硎(형) : 숫돌 *恢 恢乎其於遊刃必有餘地矣(회회호기어유인필유여지의): '회회호(恢恢乎)'는 넓고 넓어서 여유 있음을 형용한 말. '유인(遊刃)'이나 '유인유여(遊刃有餘)'는 어떤 일에 숙련되어 자유자재로 해냄을 뜻하는 말로 쓰인다 *族(족): 뼈와 근육이 얽히고설켜 있는 곳 *視爲止(시위지): 시선을 한 곳에 집중하다. 지(止)는 다른 데로 돌아보지 않고 오로지 대상물에만 시선을 고정시킨다는 뜻 *行爲遲(행위지): 손놀림을 더디게 하다. 손을 함부로 놀리지 않고 신중하게 움직인다는 뜻 *謋然(획연): 고기가 뼈에서 발라져 나오는 소리를 표현한 의성어 *善刀(선도): 칼을 닦다. 여기서 선(善)은 식(拭)과 같다

(6) 우화에서 얻는 교훈

기우(杞憂)

杞國有人, 憂天地崩墜, 身亡所寄, 廢寢食者. 又有憂彼之所憂者, 因往曉之曰:"天積氣耳, 亡處亡氣. 若屈伸呼吸, 終日在天中行止, 奈何憂崩墜乎?" 其人曰:"天果積氣, 日月星宿, 不當墜耶?" 曉之者曰:"日月星宿, 亦積氣中之有光耀者, 只使墜, 亦不能有所中傷." 其人曰:"奈地壞何?" 曉者曰:"地積塊耳, 充塞四虛, 亡處亡塊. 若躇步跐蹈, 終日在地上行止, 奈何憂其壞?" 其人舍然大喜, 曉之者亦舍然大喜.

『列子』「天瑞」

---

*列子(열자): 중국 전국시대 정(鄭)나라의 사상가. 이름은 열어구(列御寇)이다. 중국 도가의 기본사상을 확립한 인물 중 한 사람으로 알려져 있다 *杞(기): 나라 이름 *崩墜(붕추): 무너져 떨어지다 *寄(기): 부치다, 맡기다 *廢(폐): 폐하다, 그치다 *曉(효): 알다, 깨닫다, 깨우치다 *耳(이): ~뿐 *屈伸(굴신): 몸을 굽히고 펴다 *星宿(성수): 모든 성좌(星座)의 별들. 宿(수)는 별이라는 뜻 *중상(中傷): 상처를 입다 *壞(괴): 무너지다 *塊(괴): 흙덩이 *充塞(충색): 가득 차다 *躇步(저보): 밟는 모양. 躇(저)는 머뭇거리다, 보(步)는 걷다 *跐蹈(자도): 밟다 *舍然(석연): 의심이 풀리다(=釋然)

우공이산(愚公移山)

太形·王屋二山, 方七百里, 高萬仞. 本在冀州之南, 河陽之北. 北山愚公者, 年且九十, 面山而居. 懲山北之塞, 出入之迂也. 聚室而謀曰:"吾與汝畢力平險, 指通豫南, 達於漢陰, 可乎?"雜然相許. 其妻獻

114

疑曰:"以君之力, 曾不能損魁父之丘, 如太形·王屋何? 且焉置土石?" 雜曰:"投諸渤海之尾, 隱土之北." 遂率子孫荷擔者三夫, 叩石墾壤, 箕畚運於渤海之尾. 鄰人京城氏之孀妻, 有遺男, 始齔, 跳往助之. 寒暑易節, 始一反焉. 河曲智叟笑而止之曰:"甚矣, 汝之不惠. 以殘年餘力. 曾不能毁山之一毛, 其如土石何?" 北山愚公長息曰:"汝心之固, 固不可徹, 曾不若孀妻弱子. 雖我之死, 有子存焉, 子又生孫, 孫又生子, 子又有子, 子又有孫, 子子孫孫, 無窮匱也, 而山不加增, 何苦而不平?" 河曲智叟亡以應. 操蛇之神聞之, 懼其不已也, 告之於帝. 帝感其誠, 命夸蛾氏二子負二山, 一厝朔東, 一厝雍南. 自此冀之南, 漢之陰, 無隴斷焉.

「湯問」

＊太形(태형): 중국 산서성(山西省)과 하남성(河南省) 경계에 있는 태항산(太行山)을 가리킨다 ＊王屋(왕옥): 산 이름. 중국의 하남성 북부에 위치해 있다 ＊方(방): 사방, 바야흐로 ＊仞(인): 길(높이의 단위). 1인(仞)은 8척(尺) ＊面(면): 얼굴, 마주하다 ＊塞(색/새): 막히다 색, 변방 새 ＊懲(징): ～에 괴롭다, 고생하다 ＊迂(우): 멀다 ＊畢力(필력): 힘을 다하다 ＊漢陰(한음): 한수(漢水)의 남쪽. 음(陰)은 강의 남쪽, 산의 북쪽을 뜻한다 ＊獻疑(헌의): 의문을 제기하다 ＊魁父(괴보): 작은 언덕 이름 ＊諸(저): ＝之於. 그것을 ～에 ＊渤海(발해): 중국 요동반도와 산동반도 사이의 해협 ＊率(솔/률/율): 거느리다 솔, 비율 률 ＊墾(간): 개간하다 ＊箕畚(기분): 키, 삼태기 ＊孀妻(상처): 과부 ＊始(시): 처음, 비로소 ＊齔(츤): 이를 갈다 ＊固(고): 완고하다, 본래, 진실로 ＊徹(철): 뚫다 ＊匱(궤): 삼태기 ＊厝(조): 두다(＝措) ＊隴斷(농단): 높이 솟은 언덕

(7) 법치국가를 꿈꾸다

청출어람(靑出於藍)

君子曰:"學不可以已." 靑取之於藍, 而靑於藍. 氷水爲之, 而寒於水. 木直中繩, 輮以爲輪, 其曲中規, 雖有槁暴, 不復挺者, 輮使之然也. 故木受繩則直, 金就礪則利, 君子博學而日參省乎己, 則知明而行無過矣. 故不登高山, 不知天之高也. 不臨深溪, 不知地之厚也. 不聞先王之遺言, 不知學問之大也. 干・越・夷・貊之子, 生而同聲, 長而異俗, 敎使之然也.

『荀子』「勸學」

＊荀子(순자): BC 313~BC 238. 중국 전국시대 조(趙)나라의 사상가. 이름은 순황(荀況)이다. 예치주의(禮治主義)를 강조하고, 성악설(性惡說)을 주장했으며, 법가(法家)의 사상적 기틀을 제시했다 ＊已(이): 그치다, 그만두다 ＊藍(람): 쪽풀. 푸른색의 염료를 얻는 재료로 사용한다 ＊於(어): ~에서, ~보다 ＊繩(승): 먹줄. 금을 긋는 도구 ＊輮(유): 휘다, 휘어 굽히다 ＊中(중): 맞다 ＊規(규): 그림쇠. 원을 그리는 도구 ＊暴(폭): 쬐다, 말리다 ＊挺(연): 펴지다, 늘이다 ＊礪(려): 숫돌 ＊利(리): 날카롭다 ＊參(참): 검증하다 ＊干(간)・越(월)・夷(이)・貊(맥): 주변 이민족 국가의 이름

성악설(性惡說)

人之性惡, 其善者僞也. 今人之性, 生而有好利焉, 順是, 故爭奪生而辭讓亡焉. 生而有疾惡焉, 順是, 故殘賊生而忠信亡焉. 生而有耳目之欲, 有好聲色焉, 順是, 故淫亂生而禮義文理亡焉. 然則從人之

性, 順人之情, 必出於爭奪, 合於犯文亂理, 而歸於暴. 故必將有師法
之化, 禮義之道, 然後出於辭讓, 合於文理, 而歸於治. 用此觀之, 然
則人之性惡明矣, 其善者僞也.

　故枸木必將待檃栝烝矯然後直, 鈍金必將待礱厲然後利. 今人之性
惡, 必將待師法然後正, 得禮義然後治, 今人無師法, 則偏險而不正,
無禮義, 則悖亂而不治. 古者聖王以人之性惡, 以爲偏險而不正, 悖
亂而不治, 是以爲之起禮義, 制法度, 以矯飾人之情性而正之, 以擾
化人之情性而導之也, 始皆出於治, 合於道者也. 今之人, 化師法, 積
文學, 道禮義者爲君子, 縱性情, 安恣睢, 而違禮義者爲小人. 用此觀
之, 然則人之性惡明矣, 其善者僞也.

「性惡」

＊僞(위): 인위(人爲) ＊焉(언): ＝於此, 於彼 ＊疾(질): 시기하다, 질투하다(＝嫉)
＊惡(오): 미워하다, 증오하다 ＊偏險(편험): 편벽되고 음험하다 ＊悖亂(패란): 어
긋나고 어지럽다. 반윤리적 심성과 행위를 말한다 ＊文理(문리): 예의와 법도
＊從(종): 풀어놓다(＝縱) ＊暴(포): 사납다, 난폭하다 ＊化(화): 교화 ＊道(도): 이
끌다(＝導) ＊用(용): ~로써(＝以) ＊枸(구): 굽다 ＊檃括(은괄): 도지개. 갈라지고
뒤틀린 활을 바로잡는 틀 ＊烝(증): 쪄서 부드럽게 하다 ＊矯(교): 휘어진 것을 바
로잡다 ＊鈍(둔): 무디다, 둔하다 ＊礱厲(농려): 숫돌에 갈다 ＊飾(칙): 정돈하다(＝
飭) ＊擾化(요화): 길들이고 교화하다

정인매리(鄭人買履)

鄭人有欲買履者, 先自度其足而置之其坐, 至之市而忘操之. 已得履, 乃曰:"吾忘持度." 反歸取之, 及反, 市罷, 遂不得履, 人曰:"何不試之以足?"曰:"寧信度, 無自信也."

『韓非子』「外儲說 左上」

---

*韓非子(한비자): BC 280~BC 233. 중국 전국시대 한(韓)나라의 사상가. 순자의 문하에서 공부했으며, 법(法), 권세[勢], 책략[術]으로 군주의 권력을 강화할 것을 주장했다. 진시황(秦始皇)이 중국을 통일한 후 한비자의 이론을 통치의 근간으로 삼았다 *欲買履(욕매리): 신을 사고자 하다. 이본에 따라 '且置履(차치리)'로 되어 있기도 한데, 그 경우 차(且)는 '將(장차)'으로, 置(치)는 '買(사다)'로 보아 '장차 신발을 사려고 하다'로 해석한다. 혹은 '차치리'를 인명으로 보는 견해도 있다 *度(탁): 재다, 헤아리다 *操(조): 잡다, 쥐다 *得(득): 얻다, ~할 수 있다 *試(시): 시험 삼아 ~해보다 *寧(녕): 차라리

화씨지벽(和氏之璧)

楚人和氏得玉璞山中, 奉而獻之厲王. 厲王使玉人相之, 玉人曰: "石也." 王以和爲誑而刖其左足. 及厲王薨, 武王卽位. 和又奉其璞而獻之武王. 武王使玉人相之, 又曰:"石也." 王又以和爲誑而刖其右足. 武王薨, 文王卽位. 和乃抱其璞而哭於楚山之下, 三日三夜, 淚盡而繼之以血. 王聞之, 使人問其故曰:"天下之刖者多矣. 子奚哭之悲也?"和曰:"吾非悲刖也, 悲夫寶玉而題之以石, 貞士而名之以誑. 此吾所以悲也." 王乃使玉人理其璞而得寶焉. 遂命曰和氏之璧.

「和氏」

118

＊和氏(화씨): 춘추시대 초(楚)나라 사람. 이름은 변화(卞和)이다 ＊玉璞(옥박): 다듬지 않은 옥 ＊厲王(여왕): 춘추시대 초나라의 왕. 재위 BC 757~BC 741 ＊使(사): 하여금, 시키다 ＊相(상): 보다, 살펴보다 ＊誑(광): 속이다 ＊刖(월): 발꿈치를 자르는 고대의 형벌 ＊薨(홍): 죽다. 주로 제후의 죽음을 뜻한다 ＊武王(무왕): 여왕(厲王)의 동생. 제후의 신분으로 처음 왕호(王號)를 참칭(僭稱)한 초나라 왕이다. 재위 BC 740~BC 690 ＊文王(문왕): 무왕(武王)의 아들로 초나라 왕이다. 재위 BC 689~BC 677 ＊楚山(초산): 중국 호북성(湖北省) 남장현(南漳縣) 서쪽에 있는 형산(荊山)을 말한다. 이 산에 있는 포옥암(抱玉巖)에서 변화가 옥을 발견했다고 전한다 ＊題(제): 이름을 붙이다 ＊所以(소이): 까닭, 원인(=故) ＊理(리): 다스리다(=治)

3. 성찰하는 삶

(1) 굴원(屈原)과 어부의 대화

屈原

屈原既放, 游於江潭, 行吟澤畔. 顔色憔悴, 形容枯槁. 漁父見而問之曰: "子非三閭大夫與? 何故至於斯?" 屈原曰: "擧世皆濁, 我獨淸, 衆人皆醉, 我獨醒. 是以見放." 漁父曰: "聖人不凝滯於物, 而能與世推移. 世人皆濁, 何不淈其泥而揚其波? 衆人皆醉, 何不餔其糟而歠其醨? 何故深思高擧, 自令放爲?" 屈原曰: "吾聞之, 新沐者必彈冠, 新浴者必振衣. 安能以身之察察, 受物之汶汶者乎? 寧赴湘流, 葬於江魚之腹中, 安能以皓皓之白, 而蒙世俗之塵埃乎?" 漁父莞爾而笑, 鼓枻而去. 乃歌曰: "滄浪之水淸兮, 可以濯吾纓. 滄浪之水濁兮, 可以濯吾足." 遂去, 不復與言.

『古文眞寶』「漁父辭」

---

*畔(반): 물가 *憔悴(초췌): 초(憔)는 형체(形體)가 수척하다, 췌(悴)는 신색(神色)이 피곤하다는 뜻 *枯槁(고고): 여위다, 마르다 *與(여): 의문 종결사(=歟)
*擧世(거세): 온 세상 *醒(성): 술이 깨다 *凝滯於物(응체어물): 사물에 얽매이

고 집착하다 *與世推移(여세추이): 세상과 더불어 옮겨 가다. 세상의 변화에 맞추어 적응하고 변화해간다는 의미 *淈(굴): 흐리게 하다 *何不餔其糟而歠其釃(하불포기조이철기리): '何不(하불)~?'은 '어찌 ~하지 않는가?'. 포(餔)는 먹다. 조(糟)는 술지게미. 철(歠)은 마시다. 리(釃)는 변변찮은 술(薄酒) *令(령): (~로 하여금) ~하게 하다 *沐(목): 머리를 감다 *彈冠(탄관): 관(冠)의 먼지를 털다 *振衣(진의): 옷의 먼지를 털다 *浴(욕): 몸을 씻다 *察察(찰찰): 깨끗한 모양, 또는 결백한 모양 *汶汶(문문): 더럽고 지저분하다. 의미가 파생되어 불명예, 또는 치욕의 뜻으로도 쓰임 *湘(상): 장강(長江)의 지류로 호남성(湖南省)을 흐르는 상강(湘江) *皓皓(호호): 깨끗하고 희다, 빛나고 맑다 *蒙(몽): 뒤집어쓰다, 입다 *塵埃(진애): 티끌, 먼지 *莞爾(완이): 빙그레 웃는 모양 *枻(예): 노 *滄浪(창랑): 중국 한수(漢水)의 지류 *濯(탁): 씻다 *纓(영): 갓끈

(2) 무릉(武陵)의 별천지

陶淵明

　晉太元中, 武陵人捕魚爲業. 緣溪行, 忘路之遠近. 忽逢桃花林, 夾岸數百步, 中無雜樹, 芳草鮮美, 落英繽紛. 漁人甚異之, 復前行, 欲窮其林. 林盡水源, 便得一山, 山有小口, 仿佛若有光. 便舍船, 從口入. 初極狹, 才通人, 復行數十步, 豁然開朗. 土地平曠, 屋舍儼然, 有良田·美池·桑竹之屬. 阡陌交通, 雞犬相聞. 其中往來種作, 男女衣著, 悉如外人. 黃髮垂髫, 並怡然自樂.

　見漁人, 乃大驚, 問所從來, 具答之. 便要還家, 設酒殺雞作食. 村中聞有此人, 咸來問訊. 自云先世避秦時亂, 率妻子邑人, 來此絶境, 不復出焉. 遂與外人間隔. 問今是何世, 乃不知有漢, 無論魏·晉. 此人一一爲具言所聞, 皆嘆惋. 餘人各復延至其家, 皆出酒食. 停數日, 辭去, 此中人語云:"不足爲外人道也!"

　既出, 得其船, 便扶向路, 處處志之. 及郡下, 詣太守, 說如此. 太守卽遣人隨其往, 尋向所志, 遂迷, 不復得路.

　南陽劉子驥, 高尙士也, 聞之, 欣然規往. 未果, 尋病終, 後遂無問津者.

『古文眞寶』「桃花源記」

---

*陶淵明(도연명): 365~427. 중국 동진(東晉)의 시인. 또 다른 이름은 도잠(陶潛)이며, 호는 오류선생(五柳先生)이다. 405년에 팽택현(彭澤縣)의 현령이 되었으나, 80여 일 뒤에 「귀거래사(歸去來辭)」를 남기고 관직에서 물러나 귀향했다. 자연을 노래한 시가 많으며, 당나라 이후 육조(六朝) 최고의 시인이라 불린

다 *武陵(무릉): 중국 호남성(湖南省) 상덕현(常德縣)에 있는 지명 *緣(연): 따르다, 더위잡아 오르다 *鮮美(선미): 신선하고 아름답다 *落英(낙영): 떨어진 꽃 *繽紛(빈분): 번성한 모양, 어지러운 모양 *便(변): 문득 *仿佛(방불): 있는 듯 없는 듯한 모양 *舍(사): 버리다(=捨) *才(재): 겨우 *豁然(활연): 환하게 트인 모양 *開朗(개랑): 탁 트이고 밝다 *儼然(엄연): 가지런하고 질서 있는 모양 *阡陌(천맥): 밭 사이의 길, 밭둑길. 천(阡)은 남북으로 난 길, 맥(陌)은 동서로 난 길 *黃髮(황발): 누런 머리카락으로 노인을 가리키는 말 *垂髫(수초): 땋아서 길게 늘어뜨린 머리로 아이를 가리키는 말 *怡然(이연): 기뻐하는 모양 *嘆惋(탄완): 탄식하고 애석해하다 *延(연): 끌다, 불러들이다 *辭(사): 작별 인사를 하다 *道(도): 말하다 *果(과): 이루다, 과연 *問津(문진): 나루터를 묻다. 찾다

(3) 천리마를 알아보는 백락(伯樂)

韓愈

世有伯樂, 然後有千里馬. 千里馬常有, 而伯樂不常有. 故雖有名馬,
秪辱於奴隷人之手, 駢死於槽櫪之間, 不以千里稱也. 馬之千里者, 一
食或盡粟一石, 食馬者不知其能千里而食也. 是馬雖有千里之能, 食
不飽力不足, 才美不外見. 且欲與常馬等, 不可得, 安求其能千里也?
策之不以其道, 食之不能盡其材, 鳴之不能通其意, 執策而臨之曰:
"天下無良馬." 嗚呼! 其眞無馬耶? 其眞不識馬耶?

『古文眞寶』「雜說」

---

*韓愈(한유): 768~824. 자는 퇴지(退之), 하남(河南) 하양(河陽) 사람이다. 당대
(唐代)의 문장가이자 사상가로서, 당시의 화려하고 장식적인 문체를 혁신하고자
고문운동(古文運動)을 일으켰으며, 당시 유행하던 불교를 비판하고 유학을 옹호
하여 송대(宋代) 이후 발전한 신유학(新儒學)의 단초를 열었다. 한유는 「잡설(雜
說)」이라는 제목으로 4편의 글을 지었는데, 첫 번째 편은 용(龍), 두 번째 편은
의사[醫], 세 번째 편은 학(鶴), 네 번째 편은 말[馬]에 대해 논하였다 *常(상):
항상, 보통 *秪辱於奴隷人之手(지욕어노예인지수): 다만 노예의 손에 수치를 당
하다. 지(秪)는 다만(=只), 어(於)는 피동 조사 *駢(병): 나란히 하다 *槽櫪(조
력): 마구간 *食(사/식): 먹이다 사, 먹다 식 *石(석): 섬(부피의 단위) *見(현): 드
러내다, 나타나다(=現) *等(등): 같다 *安(안): 어찌 *策(책): 채찍, 채찍질하다

(4) 흐린 거울로 세상 보기

李奎報

居士有鏡一枚, 塵埃侵蝕, 掩掩如月之翳雲. 然朝夕覽觀, 似若飾容貌者.

客見而問曰:"鏡所以鑑形, 不則君子對之, 以取其淸. 今吾子之鏡, 濛如霧如, 旣不可鑑其形, 又無所取其淸. 然吾子尙炤不已, 豈有理乎?"

居士曰:"鏡之明也, 姸者喜之, 醜者忌之. 然姸者少, 醜者多, 若一見, 必破碎後已, 不若爲塵所昏. 塵之昏, 寧蝕其外, 未喪其淸. 萬一遇姸者而後, 磨拭之, 亦未晚也. 噫! 古之對鏡, 所以取其淸, 吾之對鏡, 所以取其昏, 子何怪哉?"

客無以對.

『東國李相國集』「鏡說」

---

*李奎報(이규보): 1168~1241. 자는 춘경(春卿), 호는 백운거사(白雲居士), 본관은 여주(驪州)이다. 고려 무신집권기를 대표하는 탁월한 문인으로 「동명왕편(東明王篇)」을 비롯한 여러 명편을 남겼다. 저서로 『동국이상국집(東國李相國集)』이 있다 *居士(거사): 여기서는 작자 자신을 가리킨다 *塵埃侵蝕(진애침식): 먼지가 점점 끼다 *掩掩(엄엄): 향기가 짙다. 흐릿하고 모호한 모습 *如月之翳雲(여월지예운): 달이 구름에 가려진 것과 같다. 예(翳)는 가리다 *似若(사약): 마치 ~ 같다 *吾子(오자): 그대(=汝) *濛(몽): 흐릿하다 *尙炤不已(상소불이): 오히려 비추기를 그만두지 않으니. 상(尙)은 오히려. 소(炤)는 비추다. 이(已)는 그만두다 *爲塵所昏: 먼지에 의해 흐림을 당하다, 즉 (거울에) 먼지가 끼어 흐릿해졌다는 뜻 *寧(녕): 차라리 *磨拭(마식): 닦다, 닦이다

II. 한문의 이해와 감상　125

(5) 적벽(赤壁)에서의 뱃놀이

蘇軾

壬戌之秋, 七月旣望, 蘇子與客泛舟, 遊於赤壁之下. 淸風徐來, 水波不興. 擧酒屬客, 誦明月之詩, 歌窈窕之章. 少焉, 月出於東山之上, 徘徊於斗牛之間. 白露橫江, 水光接天. 縱一葦之所如, 凌萬頃之茫然. 浩浩乎如憑虛御風, 而不知其所止, 飄飄乎如遺世獨立, 羽化而登仙. 於是飮酒樂甚, 扣舷而歌之. 歌曰: "桂棹兮蘭漿, 擊空明兮泝流光. 渺渺兮余懷, 望美人兮天一方."

客有吹洞簫者, 倚歌而和之. 其聲嗚嗚然, 如怨如慕, 如泣如訴, 餘音嫋嫋, 不絶如縷. 舞幽壑之潛蛟, 泣孤舟之嫠婦. 蘇子愀然, 正襟危坐而問客曰: "何爲其然也?" 客曰: "月明星稀, 烏鵲南飛, 此非曹孟德之詩乎?" 西望夏口, 東望武昌, 山川相繆, 鬱乎蒼蒼, 此非孟德之困於周郞者乎? 方其破荊州, 下江陵, 順流而東也, 舳艫千里, 旌旗蔽空, 釃酒臨江, 橫槊賦詩, 固一世之雄也, 而今安在哉? 況吾與子漁樵於江渚之上, 侶魚鰕而友麋鹿, 駕一葉之扁舟, 擧匏樽以相屬, 寄蜉蝣於天地, 渺滄海之一粟. 哀吾生之須臾, 羨長江之無窮. 挾飛仙以遨遊, 抱明月而長終. 知不可乎驟得, 託遺響於悲風.

蘇子曰: "客亦知夫水與月乎? 逝者如斯, 而未嘗往也, 盈虛者如彼, 而卒莫消長也. 蓋將自其變者而觀之, 則天地曾不能以一瞬, 自其不變者而觀之, 則物與我皆無盡也, 而又何羨乎! 且夫天地之間, 物各有主, 苟非吾之所有, 雖一毫而莫取. 惟江上之淸風, 與山間之明月, 耳得之而爲聲, 目寓之而成色, 取之無禁, 用之不竭, 是造物者之無盡藏也, 而吾與子之所共適."

客喜而笑, 洗盞更酌. 肴核旣盡, 盃盤狼藉. 相與枕藉乎舟中, 不知東方之既白.

『古文眞寶』「前赤壁賦」

---

*蘇軾(소식): 1037~1101. 자는 자첨(子瞻), 호는 동파(東坡)이다. 중국 북송 (北宋)의 문학가로 시(詩)·서(書)·화(畫)에 능했으며, 부친 소순(蘇洵), 아우 소철(蘇轍)과 함께 당송팔대가(唐宋八大家) 중의 한 사람으로 꼽힌다. 왕안석 (王安石)의 신법(新法)을 반대하는 구법당(舊法黨)에 속해 지방관을 전전했다. 1082년 황주(黃州)에 유배되었을 때 「전적벽부(前赤壁賦)」와 「후적벽부(後赤 壁賦)」를 지었다 *壬戌(임술): 송(宋) 신종(神宗) 원풍(元豐) 5년(1082) *既望 (기망): 음력 16일. 기(既)는 지나다, 망(望)은 보름을 뜻한다 *蘇子(소자): 작자 자신을 가리킨다 *赤壁(적벽): 중국 호북성(湖北省) 황강현(黃岡縣) 성 바깥에 있는 절벽으로 소식이 「적벽부」를 지은 장소이다. 삼국시대 적벽대전(赤壁大戰) 이 일어난 호북성 동남부 장강(長江) 남안의 적벽과는 다른 곳이다 *屬(촉): 권 하다 *明月之詩(명월지시): 조조(曹操)의 「단가행(短歌行)」을 가리킨다. 이 시 에 "달이 밝고 별이 드문데, 까마귀와 까치가 남쪽으로 날아간다.[月明星稀, 烏 鵲南飛]"는 구절이 있다 *요조지장(窈窕之章): 『시경(詩經)』「관저(關雎)」를 가리킨다. 이 시에 "요조숙녀는 군자의 좋은 짝이로다.[窈窕淑女, 君子好逑]"라 는 구절이 있다. 혹은 『시경』「진풍(陳風)·월출(月出)」 시라는 주장도 있다 *少 焉(소언): 이윽고, 얼마 있다가 *斗牛(두우): 북두성(北斗星)과 견우성(牽牛星) *橫(횡): 가로지르다, 가로 *縱(종): 내버려 두다, 세로 *如(여): 가다, ~와 같다 *凌(능): 지나가다, 넘다 *茫然(망연): 넓고 아득한 모양 *浩浩(호호): 넓고 큰 모양 *憑虛(빙허): 허공에 의지하다 *御風(어풍): 바람을 타고 날아가다 *飄飄 (표표): 바람에 나부끼는 모양, 속세를 초월한 모양 *羽化而登仙(우화이등선): 날개가 돋아 신선이 되어 (하늘로) 올라가다 *扣舷(구현): 뱃전을 두드리다 *棹 (도): 노 *槳(장): 상앗대 *空明(공명): 물속에 비친 달빛 *泝(소): 거슬러 올라

가다(=溯) *渺渺(묘묘): 멀고 아득한 모양 *美人(미인): 군주를 가리킨다 *嗚嗚然(명명연): 슬픈 소리를 형용하는 부사어 *嫋嫋(뇨뇨): 소리가 길고 약하게 울리는 모양 *縷(루): 실 *舞(무): 춤추게 하다, 춤추다 *泣(읍): 흐느끼게 하다, 울다 *嫠婦(이부): 과부(寡婦) *愀然(초연): 근심하는 모양 *襟(금): 옷깃 *危坐(위좌): 단정히 앉다, 똑바로 앉다 *曹孟德(조맹덕): 조조(曹操, 155~220)로 맹덕(孟德)은 그의 자(字)이다. 후한(後漢) 말 208년에 천하를 통일하기 위해 대군을 이끌고 남하하여 유비(劉備)와 손권(孫權)의 연합군과 전투를 벌이다 대패했다 *夏口(하구): 옛 성(城) 이름으로 지금의 호북성 무한시(武漢市)에 있었다 *武昌(무창): 지금의 호북성 악주시(鄂州市)이다 *繆(무): 얽히다 *鬱(울): 우거지다 *周郞(주랑): 주유(周瑜, 175~210)를 가리킨다. 손권을 보좌하여 조조의 대군을 물리쳤다 *舳艫千里(축로천리): 축(舳)은 배의 꼬리이고, 로(艫)는 배의 머리이다. 전함이 앞뒤로 꼬리를 물고 길게 이어져 있음을 의미한다 *釃酒(시주): 술을 거르다 *횡삭(橫槊): 창을 비껴들다 *賦詩(부시): 시를 짓다 *江渚(강저): 강가 *侶(려): 짝, 벗하다 *駕(가): 타다 *匏樽(포준): 표주박으로 만든 술잔 *蜉蝣(부유): 하루살이 *須臾(수유): 짧은 시간 *羨(선): 부러워하다 *遨遊(오유): 즐겁게 마음껏 놀다 *驟(취): 갑자기 *卒(졸): 마침내, 끝내 *一瞬(일순): 잠깐 사이. 눈 깜짝할 사이의 매우 짧은 동안 *一毫(일호): 한 개의 털. 매우 작은 정도 *造物者(조물자): 조물주 *無盡藏(무진장): 다함이 없는 창고 *盞(잔): 작은 술잔 *更(갱/경): 다시, 번갈아 갱, 고치다 경 *酌(작): 따르다 *肴核(효핵): 술안주(고기)와 과일 *狼藉(낭자): 이리저리 흩어져 어지러운 모양 *枕藉(침자): 베고 눕다

(6) 대인과 소인의 차이

李贄

大字, 公要藥也. 不大, 則自身不能庇, 而能庇人乎? 且未有丈夫漢不能庇人而終身受庇于人者也. 大人者, 庇人者也, 小人者, 庇于人者也. 凡大人見識力量與衆不同者, 皆從庇人而生, 日充日長, 日長日昌. 若徒蔭于人, 則終其身無有見識力量之日矣. 今之人皆受庇于人者也, 初不知有庇人事也. 居家則庇蔭于父母, 居官則庇蔭于官長, 立朝則求庇蔭于宰臣, 爲邊帥則求庇蔭于中官, 爲聖賢則求庇蔭于孔·孟, 爲文章則求庇蔭于班·馬, 種種自視, 莫不皆自以爲男兒, 而其實則皆孩子而不知也. 豪傑·凡民之分, 只從庇人與庇蔭于人處識取.

『焚書』「別劉肖川書」

---

*李贄(이지): 1527~1602. 중국 명대(明代)의 사상가로 자는 굉보(宏甫), 호는 탁오(卓吾). 복건(福建) 천주(泉州) 사람이다. 양명학자로서 유가의 예교(禮敎)를 반대하며 '동심설(童心說)'을 주장했으며, 중농주의를 비판하고 상업과 공리(功利)의 가치를 중시했다. 저서로『분서(焚書)』,『속분서(續焚書)』,『장서(藏書)』,『속장서(續藏書)』등이 있다 *公(공): 그대 *要(요): 필요하다 *庇(비): 덮다, 보호하다 *丈夫漢(장부한): 대장부(大丈夫). 한(漢)은 남자를 뜻하는 말 *若(약): 만약 *徒(도): 다만, 한갓 *蔭(음): 그늘, 덮다. 비음(庇蔭)은 비호(庇護)와 같은 의미 *孔孟(공맹): 공자(孔子)와 맹자(孟子) *班·馬(반마): 반고(班固)와 사마천(司馬遷) *識取(식취): 변별하다

(7) 하늘로 치솟겠다는 기상을

丁若鏞

　勇者, 三德之一, 聖人之所以開物成務, 彌綸天地, 皆勇之所爲也. '舜, 何人也? 有爲者, 亦若是', 勇也. 欲爲經濟之學, 則曰: '周公, 何人也? 有爲者, 亦若是', 欲爲文章鉅工, 則曰: '劉向·韓愈, 何人也? 有爲者, 亦若是', 欲爲書法名家則曰: '羲·獻, 何人也', 欲爲富, 則曰: '陶朱·猗頓, 何人也', 凡有一願, 輒以一人爲準的, 期於必齊而後已, 此勇德之所爲也.

　仲氏, 吾之知己, 嘗曰: "吾弟無病, 唯量小爲疵." 吾, 汝慈之知己, 嘗曰: "吾內無病, 唯量狹爲疵." 汝以吾與汝慈之子, 安能有山藪恢弘之量? 雖然, 汝則太甚. 駃騠跨竈, 理則宜然, 終如是也, 曾塵刹之不容, 剟可以包受諸物, 汪汪若千頃之波乎哉?

　(중략)

　一飽而肥, 一餒而瘠, 謂之賤畜. 短視者, 今日有不如意事, 便濟然破涕, 明日有合意事, 又孩然解顏, 一切憂愉悲歡感怒愛憎之情, 皆朝夕變遷, 自達者觀之, 不可哂乎? 雖然, 東坡云: "俗眼太卑, 天眼太高." 若齊彭殤一死生, 其病又過高, 要知朝而受暾者, 夕陰先至, 早榮之華, 其隕亦疾. 風輪激轉, 無一刻停息, 有志斯世者, 不宜以一時蕾害, 遂沮靑雲之志. 男子漢胷中, 常有一副秋隼騰霄之氣, 眼小乾坤, 掌輕宇宙, 斯可已也.

『與猶堂全書』「贐學游家誡」

---

*丁若鏞(정약용): 1762~1836. 조선 후기의 실학자로 자는 미용(美庸), 호는 다

산(茶山)·사암(俟菴), 본관은 나주(羅州)이다. 문장과 경학(經學)에 뛰어난 학자로, 유형원(柳馨遠)과 이익(李瀷) 등의 실학을 계승하고 집대성했다. 신유사옥 때 전라남도 강진으로 귀양 갔다가 19년 만에 풀려났다. 저서로『목민심서(牧民心書)』,『흠흠신서(欽欽新書)』,『경세유표(經世遺表)』 등이 있다 *開物成務(개물성무): 만물의 뜻을 개통하여 천하의 일을 이루다.『주역(周易)』「계사전(繫辭傳)」에 나오는 말이다 *彌綸(미륜): 두루 다스리다 *經濟(경제): 경세제민(經世濟民)의 준말로 세상을 다스리고 백성을 구제한다는 의미이다 *鉅工(거공): 대가, 거장(巨匠) *劉向(유향): 중국 전한(前漢)의 학자.『전국책(戰國策)』,『설원(說苑)』,『열녀전(列女傳)』 등 많은 저작을 남겼다 *羲獻(희헌): 중국 동진(東晉)의 서예가 왕희지(王羲之)·왕헌지(王獻之) 부자를 말한다 *陶朱(도주): 도주공(陶朱公). 중국 월나라 구천(句踐)의 신하 범려(范蠡)의 다른 이름이다 *猗頓(의돈): 중국 춘추시대 노(魯)나라 사람으로 범려에게 치부술(致富術)을 배운 뒤 목축업으로 거부가 되었다 *準的(준적): 표준 *仲氏(중씨): 둘째 형(=仲兄). 여기서는 정약용의 둘째 형인 정약전(丁若銓, 1758~1816)을 가리킨다 *慈(자): 어머니 *內(내): 아내, 처 *山藪(산수): 산과 못 *恢弘(회홍): 넓다 *駃騠(결제): 좋은 말의 이름 *竈(조): 부엌 *終(종): 끝내 *塵剎(진찰): 티끌 *汪汪(왕왕): 깊고 넓은 모양 *潸然(산연): 눈물이 줄줄 흐르는 모양 *破涕(파제): 울음을 그치다 *解顏(해안): 얼굴을 펴고 활짝 웃다 *哂(신): 비웃다 *東坡(동파): 소식(蘇軾)의 호 *彭殤(팽상): 장수(長壽)와 요절(夭折) *暾(돈): 아침 해 *疾(질): 빠르다 *一刻(일각): 매우 짧은 시간 *菑害(재해): 재해(災害) *沮(저): 막다 *隼(준): 새매 *騰霄(등소): 하늘로 치솟다 *乾坤(건곤): 하늘과 땅

Ⅲ.

한문의 품격

1. 일상의 지혜

(1) 한반도의 이해

한국의 산맥

李重煥

白頭山在女眞·朝鮮之界, 爲一國華蓋. 上有大澤, 周回八十里, 西流爲鴨綠江, 東流爲豆滿江, 北流爲混同江. 豆滿·鴨綠之內, 卽我國也. 自白頭至咸興, 山脈中行, 東枝行於豆滿之南, 西枝行於鴨綠之南. 自咸興山脊偏薄東海, 西枝長亘七八百里, 東枝未滿百里.

『擇里志』「卜居論·山水」

---

*李重煥(이중환): 1690~1756. 자는 휘조(輝祖), 호는 청담(淸潭)·청화산인(靑華山人), 본관은 여주(驪州)이다. 1713년(숙종 39) 문과에 급제, 승문원정자·승정원주서·병조정랑 등을 역임하였으나 영조가 즉위하자 목호룡(睦虎龍)의 당여(黨與)로 지목되어 유배되었다. 해배되어 『택리지』를 저술하였는데, 그의 사상은 박지원(朴趾源)·박제가(朴齊家) 등 북학파 학자들에게 계승되었다 *白頭山(백두산): 우리나라 함경도와 중국 경계에 있는 산 *華蓋(화개): 임금의 거둥

때 쓰는 일산과 같은 의장으로 여기서는 지붕과 같은 백두산의 모습에 비유했다
*混同江(혼동강): 흑룡강(黑龍江)과 송화강(松花江)이 합쳐지는 중국 길림성(吉
林省) 동강현(同江縣) 북쪽의 하류를 일컫는다 *山脊(산척): 산등성마루 *偏薄
(편박): 한쪽으로 치우쳐 가까이 있다 *亘(긍): 뻗치다

팔도의 연혁

有八道, 曰平安, 隣瀋陽, 曰咸鏡, 隣女眞. 次則曰江原, 承咸鏡, 曰
黃海, 承平安, 曰京畿, 在江原·黃海之南. 京畿南則曰忠淸及全羅,
全羅之東, 卽慶尙也. 慶尙, 卽古新羅·卞韓·辰韓地, 京畿·忠淸·全
羅, 卽古馬韓·百濟地, 咸鏡·平安·黃海, 卽古朝鮮·高句麗地. 江原
別爲濊貊地, 其興滅未詳. 唐末, 王太祖建出, 而統合三韓, 爲高麗,
而我朝繼運矣.

『擇里志』「八道論」

---

*八道(팔도): 한양[京城]과 한양을 에워싼 500리 지역인 기전(畿甸)에서 이름
붙인 '경기'를 제외하면, 나머지 7도의 명칭은 각 도의 가장 큰 고을 앞의 글자에
서 가져왔다. 즉 평안은 평양과 안주, 함경은 함흥과 경성, 강원은 강릉과 원주,
황해는 황주와 해주, 충청은 충주와 청주, 전라는 전주와 나주, 경상은 경주와 상
주에서 유래한 이름이다

주거지의 선택

大抵卜居之地, 地理爲上, 生利次之, 次則人心, 次則山水. 四者缺
一, 非樂土也. 地理雖佳, 生利乏則不能久居, 生利雖好, 地理惡則不

能久居. 地理及生利俱好, 而人心不淑, 則必有悔吝, 近處無山水可
賞處, 則無以陶瀉性情.

『擇里志』「卜居論」

---

*乏(핍): 모자라다 *悔吝(회린): 근심거리 *瀉(사): 쏟다

(2) 한국의 풍속

다리밟기[踏橋]

李肯翊

踏橋, 自中廟末年, 都中人相傳以爲上元夕, 踏過十二橋, 則消本年十二朔之災. 於是婦女乘轎, 稍賤者以比甲蒙頭, 徒步以行. 庶女則相聚作曹, 乘昏踏橋, 如恐不及, 無賴男子, 三五成群, 追躡其後, 事甚醜穢. 至明廟朝, 臺官拿捕治罪, 婦女踏橋之風遂絶, 而男子勿論貴賤, 成群踏橋, 至今成俗.

『燃藜室記述』「俗節雜戲」

---

*이긍익(李肯翊): 1736~1806. 자는 장경(長卿), 호는 연려실(燃藜室), 본관은 전주(全州)이다. 조선 후기 실학자의 한 사람으로 평가되며 조선의 정치·사회·문화 전반의 사항을 고증해 서술한 『연려실기술(燃藜室記述)』을 남겼다 *稍(초): 점점 *曹(조): 무리 *躡(섭): 밟다 *穢(예): 더럽다 *拿捕(나포): 죄인을 붙잡다

단오의 씨름

洪錫謨

丁壯年少者, 會於南山之倭場, 北山之神武門後, 爲角力之戲, 以賭勝負. 其法兩人對跪, 各用右手, 挐對者之腰, 又各用左手, 挐對者之右股, 一時起立, 互擧而抃之, 倒臥者爲負. 有內句·外句·輪起諸勢,

138

就中力大手快, 屢賭屢捷者, 謂之都結局. 中國人效之, 號爲高麗技,
又曰撩跤. 端午日, 此戲甚盛, 京外多爲之.

『東國歲時記』「五月·端午」

＊洪錫謨(홍석모): 1781~1857. 자는 경부(敬敷), 호는 구화재(九華齋) 등이며,
본관은 풍산(豊山)이다. 조부 홍양호(洪良浩)의 슬하에서 자라며 많은 영향을 받
았고 『동국세시기』 등을 저술했다 ＊賭(도): 내기 ＊跪(궤): 꿇어앉다 ＊拏(나):
붙잡다 ＊就中(취중): 그중에서도 특히 ＊捷(첩): 이기다

(3) 산수와 정원

과실을 접붙이는 기술

李奎報

予先君時, 有號長身田氏者善接菓, 先君使試之, 園有惡梨凡二樹, 田氏皆鋸斷之, 求世所謂名梨者, 斫若干梢, 安於斷株, 以膏泥封之, 當其時見之, 似妄誕矣. 雖至茸抽葉苗, 亦似幻怪矣. 及鬱然夏陰茂, 蕡然秋實成, 然後乃信其終眞者, 而妄誕幻怪之疑, 始去於心矣.

『東國李相國集』「接菓記」

---

*接菓(접과): 과실을 접붙이다 *鋸(거): 톱 *斫(작) 베다 *梢(초): 나뭇가지 끝 *膏(고): 기름 *茸(용) 무성하다 *苗(줄): 싹트다 *蕡然(분연): 열매가 주렁주렁 자란 모양

와유(臥遊)의 의미

李漢

臥遊者, 身臥而神遊也. 神者心之靈, 靈無不達, 故光燭九垓, 瞬息萬里, 疑若不待於物. 然生而盲者無夢, 物之形色, 司於視官, 視未始寓則思亦不由起, 故魂交彷彿, 莫非目之有得也. 夫天下之勝觀何限, 古之文人韻士, 各爲詩若文, 摸寫殆盡. 人得以讀之, 其奇秀曠朗, 絶詭極怪, 風雲出而鬼神入者, 可以收寧在牙頰矣. 爲其未及親覩, 故心準意想, 猶恨夫實體之不呈露也.

*李瀷(이익): 1681~1763. 자는 자신(子新), 호는 성호(星湖), 본관은 여주(驪州)이다. 유형원(柳馨遠)의 학풍을 이어받아 실학을 정립했으며 벼슬에 나아가지 않고 저술과 후진 양성에 힘썼다 *視官(시관): 시각기관 *彷彿(방불): 흐릿하거나 어렴풋하다 *曠朗(광랑): 넓고 밝다 *詭(궤): 속일 궤 *擥(람): 가지다 *牙頰(아협): 입. 牙(아)는 어금니, 頰(협)은 뺨 *覩(도): 보다

묘향산 유람기

朴齊家

午到鐵甕東門, 二士憩其樓, 數童從焉, 持酒待我, 同遊之尹生·明生也. 敍吾行色, 謝彼勤意, 竝轡而入. 香山之行, 固草草, 不能窮搜極探, 然其名菴勝區, 如佛智·見佛·賓鉢諸寺, 皆一歷之, 獨恨路廢不得登毗盧·香爐, 一望遼海而來耳. 凡遊以趣爲主, 行不計日, 遇佳卽止, 携知己友, 尋會心處.

『楚亭全書』「妙香山小記」

*朴齊家(박제가): 1750~1850. 자는 차수(次修)·재선(在先)·수기(修其), 호는 위항도인(葦杭道人)·초정(楚亭)·정유(貞蕤), 본관은 밀양(密陽)이다. 네 차례 청나라에 다녀와 『북학의(北學議)』를 저술하여 선진 문물을 적극 수용할 것을 주장했다. *轡(비): 고삐 *草草(초초): 바빠서 거친 모양

(4) 먹거리와 취미생활

홍삼의 유래

金澤榮

全羅道同福縣女子採於山, 得參子種之田, 有崔姓者傳而蕃殖之,
此家參之名之始也. 崔潛售于淸南海人, 南海人之病於瘴者購服得
效, 然往往有不宜者, 崔自念曰'此參力太盛故也.' 後則蒸殺其力以
售, 於是淸人爭購, 遂以此大獲其利, 富甲一道, 此又紅參之始也.

『韶濩堂集』「紅參志」

---

*金澤榮(김택영): 1850~1927. 자는 우림(于霖), 호는 창강(滄江), 당호는 소호
당주인(韶濩堂主人), 본관은 화개(花開)이다. 개성 출신으로 을사조약이 체결되
자 중국으로 망명했고 문장과 학문으로 이름을 떨쳤다 *參(삼): 인삼. 삼(蔘) 자
와 통용한다 *蕃殖(번식): 생물이 붇고 늘어서 많이 퍼지다 *潛(잠): 몰래 *售
(수): 팔다 *瘴(장): 장기. 축축하고 더운 땅에서 생기는 독한 기운으로 인한 풍
토병 *服(복): 복용하다

고양이와 개 기르기

李晬光

貓性善捕鼠, 狗性善逐獸. 有一人喜是物也, 不擇其材否, 唯取體大
毛澤能擾順者, 厚飼之, 體日益大, 毛日益澤, 目之者稱異. 然使之捕
鼠則如不視也, 使之逐獸則如不聞也. 蓋非特意慾已斁, 亦以肥腯不

142

捷之故也. 其人不斥以下材而愛養愈甚, 惟日飽腹安眠而已, 猶且竊
飯與肉, 以益其肥, 往往嘔汚於茵席, 遺穢於階庭, 而其人不省, 是豈
物性然哉! 由擇取之失而畜養之過也. 吁! 人君用將之方, 亦猶是夫.

『芝峯集』「畜貓狗說」

---

*貓(묘): 고양이 *鼠(서): 쥐 *擾(요): 길들여 기르다 *飼(사): 먹이다 *饜(염):
싫증 나다 *肥腯(비돈): 살찌다 *捷(첩): 빠르다 *嘔(구): 게우다, 토하다 *茵
席(인석): 왕골이나 부들로 만든 방석이나 요 *穢(예): 더럽다

(5) 선현의 일화

맹사성(孟思誠)과 공당문답

李肯翊

孟思誠, 字誠之, 申昌人. (중략) 公自溫陽還朝, 中路遇雨, 入龍仁旅院, 有一人, 騎從甚盛, 先處樓上, 公入處一隅. 登樓者, 是嶺南人, 欲爲綠事, 取才上來者也. 見公招與共登, 談笑博戲. 且約以公字堂字, 爲問答之言終. 公問曰: "何以上京乎公?" 其人曰: "求官上去堂." 公曰: "何官公?" 其人曰: "錄事取才堂." 公曰: "我當差除公?" 其人曰: "嚇! 不堂." 後日政府之坐, 其人以取才入謁. 公曰: "何如公?" 其人始覺之, 遽曰: "死去之堂." 一座驚怪.

『燃藜室記述』「公堂問答」

---

*取才(취재): 하급 관리를 뽑기 위해 실시하던 임용시험 *博戲(박희): 장기 두기 *差除(차제): 벼슬에 임명하다

함부로 남을 평가하지 말라

李睟光

昔黃相國喜, 微時行役, 憩于路上, 見田父駕二牛耕者, 問曰: "二牛何者爲勝?" 田父不對, 輟耕而至, 附耳細語曰: "此牛勝." 公怪之曰: "何以附耳相語?" 田父曰: "雖畜物, 其心與人同也. 此勝則彼劣, 使牛聞之, 寧無不平之心乎?" 公大悟, 遂不復言人長短云.

144

*輟(철): 그치다 *附耳(부이): 귀에 대고 속삭이다 *寧(녕): 어찌

(6) 웃음보따리

볼기를 대신 맞아 주다

成大中

安州之氓, 有食於臀者. 外郡吏, 將受七棍於兵營, 置錢五緡. 購代杖者, 氓欣然代之. 杖者憎其屢也. 故下棍甚毒, 氓不虞杖之猝暴也. 然姑忍之, 再則不可堪矣. 遽屈五指示之, 謂將以五緡賂也, 杖者若不見也, 棍益力. 氓亦自知死不待杖之畢也, 五指俱伸, 知將倍賂, 杖乃輕焉. 氓出訑人曰: "吾乃今知錢之貴也. 無錢, 吾必死矣."

『靑城雜記』「代杖」

---

*成大中(성대중): 1732~1809. 자는 사집(士執), 호는 청성(靑城), 본관은 창녕(昌寧)이다. 서얼의 신분임에도 재주가 뛰어나 정조의 극진한 보살핌을 받았다.
*氓(맹): 백성 *臀(둔): 볼기 *棍(곤): 몽둥이 *緡(민): 돈꿰미 *欣然(흔연): 기분 좋은 모양 *虞(우): 염려하다 *猝(졸): 갑자기 *堪(감): 견디다 *賂(뢰): 뇌물 *訑(이): 으쓱거리다

과장(科場)의 폐단

洪翰周

昔英祖時, 李判書日躋之子, 擢庭試科. 上召入, 先問父名, 對曰: "日字躋字." 又問 "躋字何字?" 對曰: "馬蹄躋字." 又命誦當日御題, 乃倒誦以對曰: "古今秋色春塘同." 御題則乃春塘秋色古今同也. 上又問"御題之御字, 是何御字?"對曰:"御營廳之御字也."上又問"試券汝作乎?"對曰:"借作也."上曰:"此人, 可合御營軍."命削科充御營軍. 其事至今猶傳笑.

『智水拈筆』「科弊」

---

*洪翰周(홍한주): 1798~1868. 호는 해옹(海翁)이고, 본관은 풍산(豐山)이다. 시문에 능하였다. *擢(탁): 뽑다 *庭試科(정시과): 조선시대 과거의 하나로 정기적으로 시행하던 식년시 이외에 임시로 시행한 특별 과거 *御營廳(어영청): 조선 후기 오군영의 하나로 왕을 호위하던 군영

(7) 기이한 이야기

죽어서도 잊지 못한 사랑

朴寅亮

新羅崔伉, 字石南, 有愛妾, 父母禁之, 不得見數月. 伉暴死, 經八日, 夜中伉往妾家, 妾不知其死也. 顚喜迎接, 伉首揷石枏枝, 枝分與妾曰: "父母許與汝同居, 故來耳." 遂與妾還到其家. 伉踰垣而入, 夜將曉, 久無消息, 家人出見之. 問其來由, 妾具說, 家人曰: "伉死八日, 今日欲葬, 何說怪事?" 妾曰: "良人與我, 分揷石枏枝, 可以此爲驗." 於是開棺視之, 屍首揷石枏, 露濕衣裳, 履已穿矣. 妾知其死, 痛哭欲絶, 伉乃還蘇, 偕老二十年而終.

『大東韻府群玉』「首揷石枏」

---

*朴寅亮(박인량): ?~1096. 자는 대천(代天)으로 시문에 뛰어나고 문장이 아름다워 국가의 외교문서를 도맡아 작성했다. 우리나라 최초의 설화집인 『수이전(殊異傳)』을 지었다 *暴死(폭사): 갑자기 죽다 *顚喜(전희): 그리워하던 사람을 만나 엎어질 듯이 기뻐하다 *踰(유): 넘다 *垣(원): 담 *棺(관): 널 *屍(시): 주검 *蘇(소): 되살아나다 *偕老(해로): 부부가 일생을 지내며 함께 늙다

석왕사의 유래

李睟光

釋王寺, 在安邊劍峯山. 世傳僧無學居此山土窟中, 我太祖龍潛時訪而問之曰: "夢入破屋中, 負三椽而出, 此何祥也?" 無學賀曰: "負三椽者王字也." 又問: "夢花落鏡墜, 此則何祥?" 無學卽曰: "花飛終有實, 鏡落豈無聲." 太祖大喜, 卽其地創是寺, 仍以釋王名之. 舊有太祖親筆而失於兵火, 只刻板存焉.

『芝峯類說』「寺刹」

---

*龍潛(용잠): 잠저(潛邸). 임금이 아직 왕위에 오르기 전이나 그 시기에 살던 집
*椽(연): 서까래 *刻板(각판): 글씨를 널조각에 새기다

2. 문화와 예술

(1) 예술가의 풍도(風度): 고개지와 왕희지 일화

顧長康畫人, 或數年不點目精. 人問其故, 顧曰: "四體姸蚩, 本無關
於妙處, 傳神寫照, 正在阿堵中."

『世說新語』「巧藝」

王子猷居山陰, 夜大雪, 眠覺開室, 命酌酒. 四望皎然, 因起彷徨, 詠
左思「招隱詩」, 忽憶戴安道. 時戴在剡, 卽便夜乘小船就之, 經宿方
至, 造門不前而返, 人問其故. 王曰: "吾本乘興而去, 興盡而返, 何必
見戴?"

「任誕」

---

*顧愷之(고개지): 생몰년 미상. 중국 동진(東晉)의 화가. 자는 장강(長康)·호
두(虎頭)이고, 초상화와 옛 인물을 잘 그려 중국 회화사상 인물화의 최고봉으
로 일컬어진다 *蚩(치): 밉다 *阿堵(아도): 육조(六朝) 시대의 구어(口語)로 '이
것'이라는 말인데, 여기서는 눈동자[目精]를 가리킨다 *왕자유(王子猷): 왕휘
지(王徽之, 338~386)의 자(字)가 자유(子猷)이다. 진(晉)나라의 명필 왕희지(王

150

義之)의 아들이다. *左思(좌사): 중국 서진(西晉)의 시인으로 자는 태충(太沖). 부(賦)에 뛰어나 이름난 작품을 많이 남겼는데, 특히 10년 동안 구상하여 지은 「삼도부(三都賦)」는 '낙양(洛陽)의 지가(紙價)를 올리다.'라는 고사로 유명하다 *초은시(招隱詩): 은자의 고결한 생활에 대해 읊은 시로, 좌사(左思)의 작품이다 *皎(교): 밝다 *戴安道(대안도): 동진(東晉)의 화가이며 음악가인 대규(戴逵)로 자(字)가 안도(安道)이다. 회계(會稽) 섬현(剡縣)에서 거주했다

(2) 득실과 영욕을 잊다: 최흥효와 이징의 일화

朴趾源

　雖小技有所忘, 然後能成, 而况大道乎? 崔興孝通國之善書者也. 嘗赴擧書卷, 得一字類王羲之. 坐視終日, 忍不能捨, 懷卷而歸, 是可謂得失不存於心耳. 李澄幼登樓而習畵, 家失其所在, 三日乃得. 父怒而笞之, 泣引淚而成鳥. 此可謂忘榮辱於畵者也.

『燕巖集』「炯言桃筆帖序」

---

*崔興孝(최흥효): 조선 초기 문인이자 서예가로 자는 백원(百源), 호는 월곡(月谷)이다 *通國(통국): 온 나라 *類(류): 비슷하다 *笞(태): (종아리나 볼기 등을) 때리다 *李澄(이징): 1581~?. 조선 중기의 화가로 자는 자함(子涵), 호는 허주(虛舟)이다. 인조 때 화원(畫員)을 지냈으며, 중국 명나라 맹영광(孟永光)에게 중국풍을 배워 청록 산수와 금벽 산수 등의 채색화를 많이 그렸다. 작품에 「유정방방도(遊艇訪芳圖)」 등이 있다

(3) 이야기 들려주는 노인, 전기수(傳奇叟)

趙秀三

叟居東門外, 口誦諺課稗說, 如『淑香』·『蘇大成』·『沈淸』·『薛仁貴』等傳奇也. 月初一日坐第一橋下, 二日坐第二橋下, 三日坐梨峴, 四日坐校洞口, 五日坐大寺洞口, 六日坐鍾樓前. 溯上旣, 自七日沿而下, 下而上, 上而又下, 終其月也, 改月亦如之. 而以善讀, 故傍觀匝圍, 夫至最喫緊甚可聽之句節, 忽默而無聲, 人欲聽其下回, 爭以錢投之. 曰:"此乃邀錢法云."

『秋齋集』

---

*趙秀三(조수삼): 1762~1849. 자는 지원(芝園)·자익(子翼), 호는 추재(秋齋)·경원(經畹), 본관은 한양(漢陽)이다. 조선 후기의 여항시인으로 그의 시는 신분적 제약에 대한 불만과 갈등이 표출되어 있으며, 특히 후반기의 시에는 백성들의 삶을 사실적으로 묘사하고 그들의 고통을 대변하고자 노력했다. 문집으로 『추재집(秋齋集)』이 있다 *稗說(패설): 패관소설(稗官小説)과 같은 말로 패관은 민간에 나도는 풍설(風說)과 소문을 수집하던 일을 맡은 말단 관원을 이른다. 패관소설은 민간에서 떠도는 이야기를 주제로 한 소설을 말한다 *匝圍(잡위): 둘러싸다 *喫緊(끽긴): 매우 중요하다, 아주 요긴하다

(4) 도산(陶山)에 노닐며

李滉

右陶山十二曲者, 陶山老人之所作也. 老人之作此, 何爲也哉? 吾東方歌曲, 大抵多淫哇不足言, 如「翰林別曲」之類, 出於文人之口, 而矜豪放蕩, 兼以褻慢戲狎, 尤非君子所宜尙. 惟近世有李鼈六歌者, 世所盛傳, 猶爲彼善於此, 亦惜乎其有玩世不恭之意, 而少溫柔敦厚之實也. 老人素不解音律, 而猶知厭聞世俗之樂. 閒居養疾之餘, 凡有感於情性者, 每發於詩, 然今之詩異於古之詩, 可詠而不可歌也. 如欲歌之, 必綴以俚俗之語, 蓋國俗音節, 所不得不然也. 故嘗略倣李歌, 而作爲陶山六曲者二焉. 其一言志, 其二言學, 欲使兒輩朝夕習而歌之, 憑几而聽之, 亦令兒輩自歌而自舞蹈之, 庶幾可以蕩滌鄙吝, 感發融通, 而歌者與聽者, 不能無交有益焉.

『退溪先生文集』「陶山十二曲跋」

---

*李滉(이황): 1501~1570. 자는 경호(景浩), 호는 퇴계(退溪), 본관은 진보(眞寶)이다. 조선 중기의 문신이자 유학자로 주자의 사상을 깊게 연구하여 조선 성리학 발달의 기초를 형성했으며, 이(理)의 능동성을 강조하는 이기호발설(理氣互發說)을 주장했다. 주리론(主理論) 전통의 영남학파(嶺南學派)의 종조(宗祖)로 숭앙된다 *陶山十二曲(도산십이곡): 조선 명종 20년(1565)에 이황이 지은 연시조. 65세 때의 작품으로 모두 12수로 되어 있으며 전 6곡은 언지(言志), 후 6곡은 언학(言學)이라 하였다 *哇(왜): 음란한 소리 *褻(설): 더럽다 *李鼈(이별): 조선 중기의 문인이며 평산에서 자신의 울분과 현실에 대한 마음을 풍자적으로 드러낸 연시조 「장육당육가(藏六堂六歌)」를 지었다 *蕩滌(탕척): 씻어내다 *鄙吝(비린): 비천하고 인색하다

(5) 날이 추워진 이후에: 김정희(金正喜)가 제자에게 보낸 편지

去年以『大雲』·『晚學』二書寄來, 今年又以『藕耕文編』寄來, 此皆非世之常有. 購之千萬里之遠, 積有年而得之, 非一時之事也. 且世之滔滔, 惟權利之是趨, 爲之費心費力如此. 而不以歸之權利, 乃歸之海外蕉萃枯槁之人, 如世之趨權利者. 太史公云: "以權利合者, 權利盡而交疏." 君亦世之滔滔中一人, 其有超然自拔於滔滔權利之外, 不以權利視我耶, 太史公之言非耶.

孔子曰: "歲寒然後, 知松栢之後凋." 松栢是貫四時而不凋者. 歲寒以前, 一松栢也, 歲寒以後, 一松栢也. 聖人特稱之於歲寒之後. 今君之於我, 由前而無加焉, 由後而無損焉. 然由前之君無可稱, 由後之君, 亦可見稱於聖人也耶! 聖人之特稱, 非徒爲後凋之貞操勁節而已, 亦有所感發於歲寒之時者也. 於乎西京淳厚之世, 以汲·鄭之賢, 賓客與之盛衰. 如下邳榜門, 迫切之極矣, 悲夫!

『阮堂全集』「與李藕船」

---

*金正喜(김정희): 1786~1856. 자는 원춘(元春), 호는 추사(秋史)·완당(阮堂)·과노(果老)·천축고선생(天竺古先生), 본관은 경주(慶州)이다. 조선 금석학파를 성립하고, 추사체를 완성한 문신이며 실학자·서화가이다 *李尙迪(이상적): 추사 김정희의 제자로 자는 혜길(惠吉), 호는 우선(藕船), 본관은 우봉(牛峯)이다. 조선 후기 역관의 신분으로 12차례나 중국을 왕래하여 당대 중국의 저명 문인들과 교류했으며, 북경에서 문집 『은송당집(恩誦堂集)』이 간행되었다. 그의 시는 역관답게 언어에 대한 능숙한 기교가 돋보이며, 시풍은 섬세·화려하고 청아(淸雅)하다 *大雲(대운): 『대운산방문고(大雲山房文庫)』를 말한다. 청(淸) 건륭(乾隆)의 거인(擧人)인 운경(惲敬)의 저술 *晚學(만학): 『만학집(晚學集)』을 말한

다. 청 건륭 진사인 계복(桂馥)의 저술 *藕耕文編(우경문편): 청 호남(湖南) 하
장령(賀長齡)과 위원(魏源)이 편찬한 『황조경세문편(皇朝經世文編)』을 말한다.
우경(藕耕)은 하장령의 자(字)이다 *蕉萃(초췌): 초췌(憔悴)하다. 고생이나 병
따위로 수척하다 *凋(조): 시들다 *汲鄭(급정): 급암(汲黯)과 정당시(鄭當時)를
이른다 *下邳(하비): 한(漢)나라 하규(下邽) 사람 적공(翟公)을 이른다

(6) 두렵지 않으니 나를 죽여라: 거문고 연주자 김성기(金聖基)

鄭來僑

　琴師金聖基者, 初爲尙方弓人, 性嗜音律, 不居肆執工, 而從人學琴, 得精其法, 遂棄弓而專琴. 樂工之善者, 皆出其下. 又旁解洞簫琵琶, 皆極其妙, 能自爲新聲, 學其譜擅名者亦衆, 於是洛下有金聖基新譜. 人家會客讌飮, 雖衆伎充堂, 而無聖基則以爲歉焉. 然聖基家貧浪遊, 妻子不免飢寒. 晩乃僦居西湖上, 買小艇簑笠, 手一竿往來, 釣魚以自給, 自號釣隱. 每夜風靜月朗, 搖櫓中流, 引洞簫三四弄, 哀怨瀏亮, 聲徹雲霄, 岸上聞者, 多徘徊不能去.

　宮奴虎龍者, 上變起大獄, 屠戮搢紳, 爲功臣封君, 氣焰熏人. 嘗大會其徒飮, 具鞍馬禮請金琴師聖基, 聖基辭以疾不往, 使者至數輩, 猶堅臥不動. 虎龍怒甚, 乃脅之曰: "不來, 吾且大辱汝." 聖基方與客鼓琵琶, 聞而大恚, 擲琵琶使者前罵曰: "歸語虎龍, 吾年七十矣, 何以汝爲思, 汝善告變, 其亦告變我殺之." 虎龍色沮, 爲之罷會. 自是聖基不入城, 罕詣人作伎, 然有會心者, 訪至江上, 則用洞簫爲歡, 而亦數弄而止, 未嘗爛漫.

『浣巖集』「金聖基傳」

---

*鄭來僑(정래교): 1681~1759. 자는 윤경(潤卿), 호는 현와(玄窩)·완암(浣巖)·현옹(玄翁), 본관은 창녕(昌寧)이다. 조선 후기의 여항 시인으로, 문집에 『완암집(浣巖集)』이 있다. *讌(연): 잔치 *伎(기): 재주, 재인(才人) *歉(겸): 부족하다 *簑笠(약사): 대 겉껍질로 만든 도롱이 *弄(롱): 곡조 *瀏亮(유량): 맑고 밝다 *虎龍(호룡): 목호룡(睦虎龍)을 이른다. 그는 조선 후기 경종 때의 지관으로

신임사화(辛壬士禍)의 빌미를 제공했다. 1722년 소론에 가담, 노론 김창집(金昌集) 등이 경종 시해를 역모했다고 고변하였다. 이에 4대신을 비롯한 노론이 숙청되었다 *恚(에): 성내다 *懼(구): 두려워하다

(7) 겸재(謙齋) 정선(鄭敾) 이야기

鄭持淳

鄭公元伯, 淸淳簡澹, 與人絶無忤逆. 少嘗學『易』, 至老愈篤, 獨其畫山水, 晚益入神. 今年七十二, 眼眵至不能辨畫, 而心熟手慣, 投筆所向, 無不曲當其位. 泯然若無迹而就, 不假墨而施, 其易如畫嘗所遊觀, 如傳寫宿本, 淋灕便滑, 妙不可窮. 非形寓於目, 而理悟於心, 手足以追其妙者, 蓋不能也.

昔子由言:"所貴於畫者, 爲其似也. 似猶可貴, 況其眞者! 吾行都邑田野, 所見人物, 皆吾畫笥, 所不見者, 獨鬼神耳." 子由不嗜畫, 故獨其言然爾, 畫以不見爲易, 如鬼神者, 顧不易畫, 而見之亦何爲耶? 都邑田野, 所見人物, 遷化固不常, 故畫者乃能移之於毫楮之間, 使見者如常寓目, 其未見者, 亦因是而如親游歷於其間, 此爲畫之能也.

元伯尤善畫眞景, 每遇名區勝境, 輒流連顧眄, 信筆模寫, 活捷奇健, 絶無窘拘經營之迹, 殆非前人所及. 此帖皆寫京口上下衆江, 近城山水, 郊野諸勝, 而帆檣鷗鷺煙波浩渺之態, 山林泉石雲霞出沒之形, 宛然如在目前, 間以樓臺亭園, 點綴生色, 於是元伯兼有畫者之所難, 而使已游者見之, 如逢宿客, 殆欲欣喜傾倒, 其未游者一見, 不覺心馳神越, 亟欲齎糧策馬而往游, 若使子由見此, 必不以皆吾畫笥而忽之, 又不以其似而不貴也. 元伯雖老, 尙未輟筆. 我當謀一疋好東絹, 向此老, 乞復寫此景, 不知此老便肯欣然許之否也.

『善息齋遺稿』「謙齋畫序」

---

*정지순(鄭持淳): 1723~1795. 자는 자경(子敬), 호는 선식재(善息齋), 본관은

동래(東萊)이다. 당시 화단에 대한 화론 등이 실린 문집 『선식재유고(善息齋遺稿)』가 전한다. *元伯(원백): 정선(鄭敾)의 자(字)이다. 정선은 조선 후기의 화가로 호는 겸재(謙齋)이며, 국내의 명승고적을 찾아다니면서 진경산수화풍의 정형을 수립했다 *忤(오): 거스르다 *眵(치): 눈곱 *淋灕(임리): 흥건한 모양, 힘이 넘치는 모양 *窘(군): 막히다 *齎(재): 지니다

3. 한시의 세계

(1) 중국의 명시 1

여강(汝江)의 제방에서[汝墳]

遵彼汝墳
伐其條枚
旣見君子
不我遐棄

遵彼汝墳
伐其條肄
旣見君子
不我遐棄

魴魚頳尾
王室如燬
雖則如燬
父母孔邇

『詩經』

*遵(준): 따르다 *薿(이): 다시 자란 가지 *魴(방): 방어 *赬(정): 붉다 *燬(훼): 불타다 *孔(공): 매우 *邇(이): 가깝다

음주(飲酒) 20수 중 제5수

陶淵明

結廬在人境
而無車馬喧
問君何能爾
心遠地自偏
採菊東籬下
悠然見南山
山氣日夕佳
飛鳥相與還
此中有眞意
欲辨已忘言

*廬(려): 오두막집 *喧(훤): 소란하다 *籬(리): 울타리

관작루에 올라[登鸛雀樓]

王之渙

白日依山盡
黃河入海流
欲窮千里目
更上一層樓

---

*王之渙(왕지환): 688~742. 중국 당나라 시인으로 특히 오언시에 능했다

산속에서[山中]

王維

荊溪白石出
天寒紅葉稀
山路元無雨
空翠濕人衣

---

*王維(왕유): 699?~761?. 중국 당나라의 시인이며 화가로 자는 마힐(摩詰). 벼슬은 상서우승(尙書右丞)에 이르렀고, 중국 자연시인의 대표로 꼽히며 남종화의 창시자로 불린다. 시집에 『왕우승집(王右丞集)』이 있다

잡시(雜詩)

王維

君自故鄕來
應知故鄕事
來日綺窓前
寒梅著花未

---

*綺窓(기창): 아로새기거나 그림으로 장식한 화려한 창을 뜻한다

(2) 중국의 명시 2

산중문답(山中問答)

李白

問余何事棲碧山
笑而不答心自閑
桃花流水杳然去
別有天地非人間

---

*李伯(이백): 701~762. 중국 당나라의 시인으로 자는 태백(太白), 호는 청련거사(靑蓮居士). 젊어서 여러 나라에 만유(漫遊)하고, 뒤에 출사(出仕)했으나 안녹산의 난으로 유배되는 등 불우한 만년을 보냈다. 칠언 절구에 특히 뛰어났으며, 이별과 자연을 제재로 한 작품을 많이 남겼다. 시성(詩聖) 두보(杜甫)에 대하여 '시선(詩仙)'으로 일컬어진다. 시문집에 『이태백시집(李太白詩集)』30권이 있다
*杳(묘): 아득하다

광릉으로 가는 맹호연을 전송하며[送孟浩然之廣陵]

李白

故人西辭黃鶴樓
煙花三月下揚州
孤帆遠影碧空盡
惟見長江天際流

---

*광릉(廣陵): 중국 강소성(江蘇省) 양주(揚州)의 옛 이름 *孤帆(고범): 홀로 외롭게 떠 있는 배

절구(絶句) 2수 중 제2수

杜甫

江碧鳥逾白
山靑花欲燃
今春看又過
何日是歸年

---

*杜甫(두보): 712~770. 중국 당나라 때의 시인으로 자는 자미(子美), 호는 소릉(少陵)·공부(工部)·노두(老杜)이다. 율시에 뛰어났으며, 긴밀하고 엄격한 구성, 사실적 묘사 수법 따위로 인간의 슬픔을 노래했다. '시성(詩聖)'으로 불리며, 이백(李白)과 함께 중국의 최고 시인으로 꼽힌다 *燃(연): 불타다

봄날에 바라보다[春望]

　　　　　　杜甫

國破山河在
城春草木深
感時花濺淚
恨別鳥驚心
烽火連三月
家書抵萬金
白頭搔更短
渾欲不勝簪

---

*濺(천): 흩뿌리다　*抵(저): 맞먹다　*搔(소): 긁다　*渾(혼): 온통　*簪(잠): 비녀

강촌에서[江村]

　　　　　　杜甫

清江一曲抱村流
長夏江村事事幽
自去自來梁上燕
相親相近水中鷗
老妻畫紙爲棋局
稚子敲針作釣鉤
多病所須唯藥物
微軀此外更何求

*棋局(기국): 바둑판 *敲(고): 두드리다 *釣鉤(조구): 낚싯바늘 *微軀(미구): 미천한 몸

은자를 찾았으나 만나지 못하고[尋隱者不遇]
賈島

松下問童子
言師採藥去
只在此山中
雲深不知處

---

*賈島(가도): 779?~843. 중국 당나라의 시인으로 자는 낭선(浪仙). 오언 율시에 뛰어났으며, 저서에 『장강집(長江集)』, 『시격(詩格)』 등이 있다

(3) 한국의 명시 1

그대를 보내며[送人]

鄭知常

雨歇長堤草色多
送君南浦動悲歌
大同江水何時盡
別淚年年添綠波

---

*鄭知常(정지상): ?~1135. 초명은 지원(之元), 호는 남호(南湖), 본관은 하동(河東)이다. 서경천도운동을 주장한 묘청의 난에 연루되어 김부식(金富軾)에게 피살되었다. 시에 뛰어난 고려 12시인 중의 한 사람으로 꼽혔으며, 역학과 노장 철학에도 조예가 깊었다

정부의 원망[征婦怨]

鄭夢周

一別年多消息稀
塞垣存歿有誰知
今朝始寄寒衣去
泣送歸時在腹兒

織罷回文錦字新
題封寄遠恨無因
衆中恐有遼東客
每向津頭問路人

*鄭夢周(정몽주): 1337~1392. 자는 달가(達可), 호는 포은(圃隱), 본관은 영일(迎日)이다. 고려 말기 충신으로 삼은(三隱)의 한 사람이다. 유학을 진흥하고 후진을 양성하여 성리학의 기초를 닦았다. 선죽교에서 이방원(李芳遠)이 보낸 자객 조영규(趙英珪) 등에게 살해되었다 *塞垣(새원): 변방의 성 *歿(몰): 죽다 *津(진): 나루

김 거사의 거처를 방문하다[訪金居士野居]

鄭道傳

秋陰漠漠四山空
落葉無聲滿地紅
立馬溪橋問歸路
不知身在畫圖中

*鄭道傳(정도전): 1342~1398. 고려 말기·조선 전기의 문인이자 학자로 자는 종지(宗之), 호는 삼봉(三峯), 본관은 봉화(奉化)이다. 이색(李穡)의 문인으로, 조선 개국 일등 공신이 되었고, 성리학을 지도 이념으로 내세워 불교를 배척했다. 전략, 외교, 법제, 행정에 밝았으며 시와 문장에 뛰어나 『고려사(高麗史)』37권을 개수했다. 저서에 『조선경국전(朝鮮經國典)』, 『경제문감(經濟文鑑)』과 문집 『삼봉집(三峯集)』 등이 있다

천왕봉[題德山溪亭柱]

曺植

請看千石鍾
非大扣無聲
爭似頭流山
天鳴猶不鳴

---

*曺植(조식): 1501~1572. 자는 건중(健中), 호는 남명(南冥), 본관은 창녕(昌寧)이다. 조선 중기 학자로 여러 차례 벼슬에 임명되었으나 모두 사양하고 성리학을 연구하여 퇴계 이황과 더불어 당대 뛰어난 학자로 추앙받았다 *扣(구): 두드리다

괴상하게 생긴 돌[怪石]

崔岦

窓間一蝨懸
目定車輪大
自我得此石
不向花山坐

---

*崔岦(최립): 1539~1621. 자는 입지(立之), 호는 간이(簡易), 본관은 통천(通川)이다. 조선 중기 명문장가의 한 사람으로 중국과의 외교문서 등을 많이 작성했다 *蝨(슬): 이

퇴계에서[退溪]

李滉

身退安愚分
學退憂暮境
溪上始定居
臨流日有省

독백[自述]

李玉峰

近來安否問如何
月白紗窓妾恨多
若使夢魂行有迹
門前石路已成沙

---

*李玉峰(이옥봉): 생몰년 미상. 조선 시대의 여성 시인으로『가림세고(嘉林世稿)』의 부록으로 전해지는『옥봉집(玉峰集)』에 32편의 한시(漢詩)가 전한다.

(4) 한국의 명시 2

말 위에서 듣는 꾀꼬리 소리[馬上聽鶯圖 畵題詩]

金弘道

佳人花底簧千舌

韻士樽前柑一雙

歷亂金梭楊柳崖

惹煙和雨織春江

---

*김홍도(金弘道): 1745~?. 자는 사능(士能), 호는 단원(檀園), 본관은 김해(金海)이다. 영·정조의 문예부흥기부터 순조 연간 초기에 활동했다. 어린 시절 강세황(姜世晃)의 지도를 받아 그림을 그렸고, 그의 추천으로 도화서 화원이 되어 정조의 신임 속에 당대 최고의 화가로 자리 잡았다. 산수, 인물, 도석, 불화, 화조, 풍속 등 모든 장르에 능하였지만, 특히 산수화와 풍속화에서 뛰어난 작품을 남겼다 *簧(황): 생황(악기) *樽(준): 술통 *柑(감): 귤 *梭(사): 북. 베틀에 딸린 기구의 하나로 방추라고도 한다 *惹(야): 엉기다

양근을 잘라버린 비애[哀絶陽]

丁若鏞

蘆田少婦哭聲長
哭向縣門號穹蒼
夫征不復尙可有
自古未聞男絶陽
舅喪已縞兒未澡
三代名簽在軍保
薄言往愬虎守閽
里正咆哮牛去皁
磨刀入房血滿席
自恨生兒遭窘厄
蠶室淫刑豈有辜
閩囝去勢良亦慽
生生之理天所予
乾道成男坤道女
騸馬豶豕猶云悲
況乃生民思繼序
豪家終歲奏管弦
粒米寸帛無所捐
均吾赤子何厚薄
客窓重誦鳲鳩篇

*穹(궁): 하늘 *已縞(이호): 상을 마침 *澡(조): 마르다 *愬(소): 하소연하다
*閽(혼): 문지기 *咆哮(포효): 포효하다 *窘(군): 궁하다 *騸(선): 거세하다
*豶(분): 거세하다 *捐(연): 버리다

가을 버들[後秋柳詩]

申緯

無風脫葉下鏘然
瘦影絲絲掛暮烟
折葦枯荷相伴住
鴛鴦衣冷不成眠

---

*鏘然(장연): 울리는 소리 *瘦(수): 파리하다 *葦(위): 갈대 *鴛鴦(원앙): 원앙
새. 오릿과에 속한 물새

들판에 내린 눈[野雪]

李亮淵

穿雪野中去
不須胡亂行
今朝我行跡
遂作後人程

---

*李亮淵(이양연): 1771~1853. 자는 진숙(晉叔), 호는 임연(臨淵)·산운(山雲),

본관은 전주(全州)이다. 광평대군(廣平大君) 이여(李璵)의 후손으로 문장에 뛰어나고 학문에 힘써 많은 저서를 남겼다 *胡亂(호란): 어수선하고 어지럽다

춘천 가는 길에[壽春道中]
姜瑋

襪底江光綠浸天
昭陽芳草放筇眠
浮生不及長堤柳
過盡東風未脫綿

---

*姜瑋(강위): 1820~1884. 조선 말기의 학자이며 시인으로 자는 중무(仲武)·요장(堯章)·위옥(葦玉), 호는 추금(秋琴)·자기(慈屺)·청추각(聽秋閣)·고환당(古懽堂), 본관은 진양(晉陽)이다. 추사 김정희의 제자로 이건창(李建昌), 김택영(金澤榮), 황현(黃玹)과 더불어 한말 한문학 4대가로 불린다. 강화도 조약 체결 때 필담(筆談)을 맡았고 박문국(博文局)을 세웠으며, 우리나라 최초의 신문인 「한성순보(漢城旬報)」 창간에 관여했다. 저서에 『고환당수초(古懽堂收艸)』가 있다 *襪(말): 버선 *筇(공): 지팡이

절명시(絶命詩) 4수 중 제1·3수

黃玹

亂離滾到白頭年
幾合捐生却未然
今日眞成無可奈
輝輝風燭照蒼天

鳥獸哀鳴海岳嚬
槿花世界已沉淪
秋燈掩卷懷千古
難作人間識字人

---

*黃玹(황현): 1855~1910. 조선 말기의 시인이자 학자로 자는 운경(雲卿), 호는 매천(梅泉), 본관은 장수(長水)이다. 성균관 생원으로 지내다가 갑신정변 이후 민씨 정권의 무능과 부패에 환멸을 느껴 벼슬하기를 단념하고 귀향하여 시작(詩作)에 전념했다. 1910년 일본에 국권을 강탈당하자 망국의 울분을 이기지 못하고 절명시를 남기고 자결했다. 저서에 『매천야록(梅泉野錄)』이 있다 *滾(곤): 흐르다 *嚬(빈): 찡그리다 *沉淪(침륜): 침몰하다 *掩(엄): 덮다

(5) 시에 담긴 이야기

김부식(金富軾)과 정지상(鄭知常)

李奎報

　侍中金富軾·學士鄭知常, 文章齊名一世, 兩人爭, 輒不相能. 世傳, 知常有'琳宮梵語罷, 天色淨琉璃'之句, 富軾喜而索之, 欲作己詩, 終不許. 後知常爲富軾所誅, 作陰鬼, 富軾一日詠春詩曰: "柳色千絲綠, 桃花萬點紅." 忽於空中, 鄭鬼批富軾頰曰: "千絲萬點, 有孰數之也? 何不曰: '柳色絲絲綠, 桃花點點紅?'" 富軾心頗惡之. 後往一寺, 偶登厠. 鄭鬼從後握陰囊, 問曰: "不飮酒, 何面紅?" 富軾徐曰: "隔岸丹楓照面紅." 鄭鬼緊握陰囊曰: "何物皮囊子?" 富軾曰: "汝父囊鐵乎?" 色不變. 鄭鬼握囊尤力, 富軾竟死於厠中.

『白雲小說』

---

*陰鬼(음귀): 죽은 사람의 넋　*頰(협): 뺨　*數(수): 세다　*厠(측): 뒷간　*皮囊子(피낭자): 가죽주머니

허적(許頔)의 시

洪萬宗

　宋王荊公詩曰: '臥分黃犢草, 坐占白鷗沙.' 蓋臥則分黃犢所臥之草, 坐則占白鷗所坐之沙, 古人以此爲巧. 我東許水色頔詩曰: '草黃眠失犢, 沙白動知鷗.' 蓋犢與草俱黃, 眠則失犢, 鷗與沙俱白, 動而知鷗, 其措語, 比前尤巧.

『詩評補遺』

---

*洪萬宗(홍만종): 1643~1725. 자는 우해(宇海), 호는 현묵자(玄默子)·몽헌(夢軒)·장주(長洲), 본관은 풍산(豊山)이다. 한국 한시사에서 빼어난 작품을 간추려 뽑고 비평을 가한 시선집이자 비평서인 『소화시평(小華詩評)』(1675), 『시평보유(詩評補遺)』(1691), 『시화총림(詩話叢林)』(1712) 등을 편찬했다 *犢(독): 송아지 *鷗(구): 갈매기

인용한 책들

―

▌중국 고전▌

• 『古文眞寶』: 중국 송(宋)나라의 학자인 황견(黃堅)이 편찬했다는 책. 주대(周代)부터 송대(宋代)에 이르는 고시(古詩)·고문(古文)의 명문만을 뽑아 엮은 시문선집(詩文選集)이다. 전집(前集) 10권, 후집(後集) 10권으로 구성되었다.

• 『孔子家語』: 중국 삼국시대 위(魏) 나라의 학자인 왕숙(王肅)이 공자의 언행 및 공자와 문인(門人)과의 문답(問答)과 논의(論議)를 수록한 책. 전한(前漢)의 공안국(孔安國)의 이름을 빌려 『좌전(左傳)』·『국어(國語)』 등에 수록된 공자에 관한 기록을 모아 주석을 붙였다.

• 『老子』: 중국 춘추전국시대의 철학자인 노자(老子)가 지었다는 도교 경전(道敎經典). 약 5000자, 상·하 2편으로 구성되었다.

• 『論語』: 중국 춘추전국시대의 사상가인 공자(孔子)의 언행과 제자들과의 문답 내용을 기록한 유교 경전(儒敎經典)이다. 사서(四書)의 하나로, 중국 최초의 어록(語錄)이다.

• 『唐宋八大家文鈔』: 중국 당(唐)나라의 한유(韓愈)·유종원(柳

宗元), 송(宋)나라의 구양수(歐陽脩) · 소순(蘇洵) · 소식(蘇軾) · 소철(蘇轍) · 증공(曾鞏) · 왕안석(王安石) 등 선진(先秦) · 양한(兩漢)의 고문(古文)을 지향한 8명의 산문 작가들의 글을 모은 것으로서 명(明)나라 모곤(茅坤)이 저술했다. 총 164권이다.

• 『唐詩三百首』: 청(淸) 건륭(乾隆) 28년(1763) 형당퇴사(蘅塘退士) 손수(孫洙)가 편찬한 책이다. 역대 당시선집(唐詩選集) 가운데 가장 널리 유행했음은 물론 오늘날도 가장 대표적인 당시선집으로 손꼽히고 있다. 당나라 시인 77명의 시 총 310수가 실려 있다.

• 『大戴禮記』: 서한(西漢) 시기의 궁정 도서인 『한서(漢書)』「예문지(藝文志)」에는 '기(記)' 141 편이 있다. 이 중에서 먼저 대덕(戴德)이 85편을 골라 '예기(禮記)'를 만들었다. 다음 대덕의 큰 조카였던 대성(戴聖)이 대덕의 예기에서 또한 46편을 골라 별도로 '예기'를 만들었다. 대덕과 대성을 구분하기 위해 대덕을 대대(大戴), 대성을 소대(小戴)라고 부른다. 따라서 대덕의 '예기'를 대대례기(大戴禮記), 대성의 '예기'를 소대례기(小戴禮記)라고 부르게 되었다.

• 『大學』: 본래 『예기(禮記)』의 한 편이었으나 송대 주희(朱熹)에 의해 사서(四書)의 하나가 되었다. 삼강령(三綱領), 팔조목(八條目)을 핵심으로 하는 유학(儒學)의 정수(精髓)를 담고 있다.

• 『孟子』: 중국 춘추전국시대의 사상가인 맹자(孟子)가 저술한 유교 경전. 왕도정치(王道政治) · 성선설(性善說) 등의 내용을 담고 있다. 사서(四書)의 하나로, 7편으로 구성되었다.

• 『蒙求』: 중국 당(唐)나라 학자 이한(李瀚)이 지은 아동교육서. 8자(字)를 한 구(句)로 하여 중국 역대의 뛰어난 인물과 그 행적을 소개하는 형식으로 구성되어 있다. 조선에서도 아동교육서로 널리 쓰였다.

• 『焚書』: 명대(明代) 이지(李贄)의 저작으로 전 6권이며 『속분서(續焚書)』 5권이 부가되었다. 이지가 관직을 그만두고 마성현(麻城縣) 용호(龍湖)의 지선원(芝仙院)에 거주하고 있던 시절(59세 이후)의 십여 년 동안 써놓은 서간·수필·시 등을 수집한 문집이다.

• 『史記』: 중국 전한(前漢)의 사마천(司馬遷)이 편찬한 중국 최초의 기전체(紀傳體) 통사(通史). 황제(黃帝) 때부터 전한의 무제(武帝) 천한 연간(天漢年間)까지 약 3000여 년의 역사를 서술했다.

• 『書經』: 유교 경전인 오경(五經)의 하나로, 중국에서 가장 오래된 역사서. 상서(尙書)라고도 한다. 당우(唐虞) 삼대(三代)에 걸친 중국 고대의 기록이다. 58편으로 구성되었다.

• 『說苑』: 중국 전한(前漢)의 학자인 유향(劉向)이 편집한 설화집. 「군도(君道)」·「신술(臣術)」 등 20편으로 구성되었다. 고대의 제후·선현들의 행적이나 일화·우화 등을 수록하여 위정자를 설득하기 위한 훈계 독본으로 이용했다.

• 『世說新語』: 중국 남조(南朝) 송(宋)나라의 유의경(劉義慶, 403~444)이 편집한 후한(後漢) 말부터 동진(東晉)까지의 명사들의 일화집이다.

• 『小學』: 송(宋)나라 주자(朱子)의 제자 유자징(劉子澄)이 주자의 지시에 따라 편찬한 아동 수신서(修身書). 1187년에 완성되었으며, 내편(內篇) 4권, 외편(外篇) 2권, 전 6권이다. 내편은 입교(入敎)·명륜(明倫)·경신(敬身)·계고(稽古), 외편은 가언(嘉言)·선행(善行)으로 구성되어 있다.

• 『孫子兵法』: 춘추시대 말 손무가 지은 병법서, 『손자』·『오손자병법』·『손무병법』등으로도 불린다. 『한서(漢書)』「예문지(藝文志)」에는 82편, 도록 9권이라고 기록되어 있으나, 현재 남아있는 송본에는 계·작전·모공·형·세·허실·군쟁·구변·행군·지형·구지·화공·용간 등의 13편만이 전해진다.

• 『荀子』: 중국 춘추전국시대 조(趙)나라의 학자인 순황(荀況)의 사상서. 예치주의(禮治主義)를 강조하고, 성악설(性惡說)을 담고 있어 유자(儒者)들의 비판을 받았다. 후에 한비자(韓非子) 등이 계승하여 법가(法家) 사상을 낳았다.

• 『詩經』: 중국 최초의 시가집이다. 서주(西周) 말기로부터 동주(東周)에 걸쳐(BC 9세기~BC 7세기) 완성된 시집으로 305편이 수록되어 있다. 공자가 문하의 제자를 교육할 때, 주나라 왕조의 정치적 형태와 민풍을 가르치고 문학·교육 힘쓰기 위하여 편집한 것이다. 전한(前漢) 시대에 『제시(齊詩)』·『노시(魯詩)』·『한시(韓詩)』·『모시(毛詩)』라는 네 가지 종류의 책이 나왔지만, 오늘날 시경의 근간이 된 것 『모시』뿐이다.

• 『十八史略』: 원(元)나라 때 증선지(曾先之)가 편찬한 역사서. 『십

팔사략』은『사기(史記)』·『한서(漢書)』·『후한서(後漢書)』·『삼국지(三國志)』·『진서(晉書)』·『송서(宋書)』·『남제서(南齊書)』·『양서(梁書)』·『진서(陳書)』·『후위서(後魏書)』·『북제서(北齊書)』·『후주서(後周書)』·『수서(隋書)』·『남사(南史)』·『북사(北史)』·『당서(唐書)』·『오대사(五代史)』·『송감(宋鑑)』등 중국의 정사 18종 가운데에 풍교(風敎)에 관계 있는 말을 가려 뽑아 한 권의 책으로 만든 것이다.

• 『晏子春秋』: 중국 춘추전국시대 제(齊)나라 영공(靈公)~경공(景公) 때의 재상인 안영(安嬰)의 언행(言行)을 기록한 책이다.

• 『呂氏春秋』: 기원전 239년 중국 진나라의 재상인 여불위가 전국의 논객들과 식객들을 모아 춘추전국시대의 모든 사상을 절충·통합시키고 세밀하게 분석하여 정치와 율령의 참고로 삼기 위해 저술하게 한 일종의 백과사전이다. 제자백가 중 잡가의 대표적인 작품이다.『여람(呂覽)』이라고도 한다.

• 『列子』: 중국 춘추전국시대 정(鄭)나라의 사상가인 열어구(列禦寇)의 저서. 8권 8편. 노자(老子)의 청허무위(清虛無爲) 사상을 따라 서술했다.

• 『禮記』: 예(禮)의 이론과 실제를 풀이한 유교 경전. 전한(前漢) 무제(武帝) 때 유덕(劉德)이 공자와 그 후학들이 지은 131편의 책을 모아 정리한 뒤, 유향(劉向)이 214편으로 엮고, 대덕(戴德)이 85편으로, 대성(戴聖)이 49편으로 간추렸다. 대성이 편찬한『소대례(小戴禮)』가 현존하는『예기(禮記)』이다.

- 『資治通鑑』: 중국 북송(北宋)의 사마광(司馬光)이 편찬한 편년체 (編年體) 역사서. 294권. 주(周)나라 위열왕(威烈王) 때부터 오대(五代) 후주(後周)의 세종(世宗) 때까지 1362년간의 역사를 기록했다.

- 『莊子』: 중국 춘추전국시대의 사상가인 장주(莊周)의 저서. 우화(寓 話)를 통한 뛰어난 상상과 표현으로 우주의 본체(本體)와 근원(根源), 물 화현상(物化現象)을 설명했다. 총 33편으로 구성되었다.

- 『戰國策』: 중국 전한(前漢)의 학자 유향(劉向)이 편찬한 책. 33권 12책. 전국시대에 활약한 책사(策士)와 모사(謀士)들의 문장을 모은 것 이다. 『사기(史記)』의 주요 참고서로 사용되었다.

- 『貞觀政要』: 중국 당(唐) 태종(太宗)이 신하들과 정사를 논하면서 주고받은 중요한 문답을 오긍(吳兢)이 정리하여 엮은 책이다. 총 10권.

- 『周易』: 유교 경전인 오경(五經)의 하나인 점서(占書). 팔괘(八卦) 와 육십사괘(六十四卦), 괘사(卦辭)·효사(爻辭)·십익(十翼)으로 이루어 져 있다.

- 『朱子語類』: 중국 송(宋)나라 도종(度宗) 때의 학자인 여정덕(黎靖 德)이 이전까지 각각 따로 간행된 주희(朱熹)의 어록(語錄)과 어류(語類) 를 집대성하여 정리한 책. 140권. 1270년에 처음 간행되었다.

- 『中庸』: 중국 춘추전국시대 노(魯)나라의 학자인 공급(孔伋)이 저 술한 유교 경전. 『예기(禮記)』의 제31편이었던 것을 송(宋)나라의 주희

(朱熹)가 따로 떼어서 사서(四書)에 포함시켰다. 유교의 철학적 배경을 천명하여, 중화사상(中和思想)·성(誠) 등의 내용을 33장에 담고 있다.

• 『太平御覽』: 송(宋)나라 태평흥국(太平興國) 2년에 이방(李昉) 등이 명을 받들어 찬하였다. 천문(天文)·지리(地理)·인사(人事) 등을 비롯하여 1천 6백 90종이 수록되었다.

• 『通鑑節要』: 중국 송(宋)나라 때의 학자 강지(江摯)가 사마광(司馬光)의 『자치통감(資治通鑑)』을 간략하게 간추려 편집한 사서(史書). 50권. 조선 초기부터 『통감(通鑑)』이라는 이름으로 글방의 초학(初學) 교재로 통용되었다.

• 『韓非子』: 중국 춘추전국시대 한(韓) 나라의 사상가인 한비(韓非)의 저서. 55편 20책. 인성이기설(人性利己說), 법치주의(法治主義) 등 법의 지상(至上)을 강조한 법가사상(法家思想)의 대표적인 책이다.

• 『漢書』: 중국 후한(後漢)의 반고(班固)가 기전체(紀傳體)로 엮은 전한(前漢)의 정사(正史). 120권. 고조(高祖)부터 왕망(王莽)까지 230년간의 역사 기록이다.

• 『後漢書』: 중국 남북조시대 송(宋)나라의 범엽(范曄)이 기전체(紀傳體)로 엮은 후한(後漢)의 정사(正史). 120권. 광무제(光武帝)에서 헌제(獻帝)까지 196년간의 역사 기록이다.

▌한국 고전 ▌

• 『大東韻府群玉』: 조선 전기 문신 권문해(權文海)가 우리나라의 지리·역사·인물·문학·동식물 등을 총망라하여 운별(韻別)로 분류한 유서(類書). 20권 20책. 1836년에 목판으로 간행했다.

• 『東國歲時記』: 조선 정조(正祖)·순조(純祖) 때의 학자 홍석모(洪錫謨)가 우리나라 세시풍속에 관하여 기록한 책이다.

• 『東國李相國集』: 고려 후기 문신 이규보(李奎報)의 시·전(傳)·설·서(書) 등을 수록한 시문집이다.

• 『明心寶鑑』: 고려 충렬왕(忠烈王) 때 민부상서(民部尙書)·예문관 대제학(藝文館大提學)을 지낸 추적(秋適)이 1305년에 중국 고전에서 선현들의 금언(金言)·명구(名句)를 엮어서 저작했다.

• 『白雲小說』: 홍만종(洪萬宗)의 『시화총림(詩話叢林)』에 이규보(李奎報)의 저술로 소개된 시화로 정확한 작자는 미상이다.

• 『樊巖集』: 조선 후기 문신·학자 채제공(蔡濟恭)의 시·소차(疏箚)·서계(書啓)·서(序) 등을 수록한 시문집이다.

• 『三國史記』: 고려 인종(仁宗) 때 김부식(金富軾) 등이 왕명을 받아 편찬한 기전체(紀傳體)의 역사서. 우리나라에 현전(現傳)하는 가장 오래된 역사서로 총 50권. 삼국시대와 통일신라의 역사를 연구하는 데 가장 기본적인 자료가 된다.

• 『善息齋遺稿』: 18세기 소론계 인물 정지순(鄭持淳)의 문집으로 당시의 문예와 소론 학풍을 이해하는 데 중요한 자료이다.

• 『星湖全集』: 조선 후기 실학자 성호(星湖) 이익(李瀷)의 시와 산문 등을 모아 편찬한 시문집이다.

• 『韶濩堂集』: 개성 출신 문인 김택영(金澤榮)의 저작을 모은 시문집으로 우국(憂國)에 대한 소회와 개성의 문물에 대한 작품 등이 수록되어 있다.

• 『旬五志』: 조선 영조(英祖) 때의 문신·학자인 홍만종(洪萬宗)이 지은 문학평론집. 정철(鄭澈)·송순(宋純) 등의 시가(詩歌), 속담, 한국의 역사, 유·불·선에 관한 일화, 훈민정음(訓民正音) 창제에 대한 견해, 속자(俗字)에 대한 기술 등 다양한 내용을 실었다.

• 『詩評補遺』: 홍만종(洪萬鍾)이 『소화시평(小華詩評)』에서 미비하거나 누락된 내용을 수정 및 보완하여 저술한 시화 평론집. 조선 전기부터 17세기까지의 한시를 집중적으로 수록하고 품평했다.

• 『新增東國輿地勝覽』: 조선 성종 때의 『동국여지승람』을 증보 수정하여 편찬한 지리서. 성종 12년(1481)에 50권을 완성하였고, 성종 17년(1486)에 35권을 다시 완성해 간행하였다. 그 후 연산군 5년(1499)에 개수(改修)를 거쳐 중종(中宗) 25년(1530)에 이행(李荇)등의 증보판이 나왔으며 전 55권 55책으로 구성되어 있다.

• 『與猶堂全書』: 조선 후기 실학자 정약용(丁若鏞)의 저술 154권 76책을 총정리한 문집. 1934~1938년 신조선사(新朝鮮社)에서 발행되었다. 시문집(詩文集)·잡찬집(雜纂集)·경집(經集)·예집(禮集)·악집(樂集)·정법집(政法集)·지리집(地理集)·의학집(醫學集)으로 구성되어 있다.

• 『燃藜室記述』: 조선 정조(正祖) 때의 실학자 이긍익(李肯翊)이 엮은 역사책으로 사견을 섞지 않고 공정한 필치로 저술했다.

• 『燕巖集』: 조선 정조(正祖) 때의 실학자 박지원(朴趾源)의 시문집. 시문·서간과 『열하일기(熱河日記)』 등이 수록되어 있으며, 1901년(고종 광무 5)에 김택영(金澤榮)이 9권 3책으로 간행하고, 1932년 박영철(朴榮喆)이 17권 6책으로 간행했다.

• 『洌上方言』: 조선 후기 실학자 이덕무(李德懋)가 우리나라의 속담을 수집하여 한역하여 편찬한 속담집. 『청장관전서(靑莊館全書)』 제62권에 총 99편이 거두어져 있는데 매 편마다 6언으로 된 속담구를 앞세운 뒤 간략하게 그 뜻을 설명하고 있다.

• 『阮堂全集』: 조선 말기의 학자·서화가 완당(阮堂) 김정희(金正喜)의 시문집으로 10권 5책이다.

• 『浣巖集』: 조선 후기 여항시인 정래교(鄭來僑)의 시문집. 4권 2책이며, 목판본(木版本)과 필사본(筆寫本) 두 종류가 전한다.

• 『耳談續纂』: 조선 후기 실학자 정약용(丁若鏞)이 펴낸 속담집. 명 나라의 왕동궤(王同軌)가 엮은 『이담(耳談)』에 우리나라의 속담을 증보 하여 1820년에 저술했다.

• 『芝峯類說』: 조선 중기 실학자 이수광(李睟光)이 지은 일종의 백과 사전. 고문(古聞), 기사(奇事), 일문(逸聞) 등으로 항목을 나누어 뽑고 저 자의 의견을 덧붙였다.

• 『芝峯集』: 이수광(李睟光)의 시가(詩歌)와 산문을 엮어 1634년에 간행한 시문집이다.

• 『智水拈筆』: 조선 후기 문신 홍한주(洪翰周)가 고금의 문물제도와 문인·학자 등에 대한 견해를 기록한 필기(筆記) 저작. 필사본 8권 4책으 로 1863년에 완성했다.

• 『靑城雜記』: 조선 후기 문신·학자 성대중(成大中)이 국내외 야담 100여 편을 모아 엮은 필사본 1책의 잡록. 취언(취言)·질언(質言)·성언 (醒言)으로 구성되어 있다.

• 『楚亭全書』: 조선 후기 북학파(北學派)의 한 사람이자 규장각 검서 관으로 활동한 박제가(朴齊家)의 시와 산문 등을 모은 시문집이다.

• 『秋齋集』: 조선 후기 여항시인 조수삼(趙秀三)의 시문집으로 8권 4책이다.

• 『擇里志』: 1751년 이중환이 편찬한 지리서. 서명은 『논어』의 "子曰, 里仁爲美, 擇不處仁, 焉得知?" 구절에서 따왔다. 『팔역지(八域誌)』, 『동국산수록(東國山水錄)』, 『사대부가거처(士大夫可居處)』, 『복거설(卜居說)』 등의 이칭이 많다. 내용은 서론·팔도론(八道論)·복거론(卜居論)·결론으로 구성되어 있다. 필사본으로만 전해오다가 1912년 조선광문회(朝鮮光文會)에서 신연활자로 간행했다.

• 『退溪先生文集』: 퇴계(退溪) 이황(李滉)의 초판 문집으로 1600년(선조 33)에 간행된 57권 31책을 이르는 명칭이다. 이 중 현재까지 남아 전하고 있는 46권 24책이 대한민국 보물 제1894호로 지정되어 있다.

참고문헌

『교양한문』, 성균관대학교 출판부, 2016.

권중구, 복간판『한문대강』, 보고사, 2011.

동양고전정보화연구소,『한문독해 기본패턴』, 전통문화연구회, 2018.

박상수·이화춘·이지곤·원주용 편저,『한문독해첩경 문학편』, 전통문화연구회, 2021.

반고, 안대회 편역,『한서열전』, 까치, 2010.

박지원, 신호열·김명호 역,『연암집』, 돌베개, 2007.

송재소,『당시 일백수』, 돌베개, 2021.

안병주·전호근 외 역,『역주 장자』1~4, 전통문화연구회, 2002~2008.

왕선신, 허호구 외 역,『역주 한비자집해』1~5, 전통문화연구회, 2017~2021.

왕필, 김시천 역,『노자도덕경주』, 전통문화연구회, 2017.

이수광, 강여진·최병준 역,『지봉집』7, 보고사, 2018.

이우성·임형택 편역,『이조한문단편집』3, 창비, 2018.

이종묵·장유승 편역,『한국산문선』1, 민음사, 2017.

정민·이홍식 편역,『한국산문선』4, 민음사, 2017.

안대회·이현일 편역,『한국산문선』7, 민음사, 2017.

이중환, 안대회·이승용 외 역,『완역 정본 택리지』, 휴머니스트, 2018.

조병순 편,『증수보주 삼국사기』, 성암고서박물관, 1984.

진재교 편역,『알아주지 않은 삶』, 태학사, 2005.

홍만종, 안대회·김종민 외 역,『시평보유』, 성균관대학교 출판부, 2019.